传媒实操小红书

不能不说的避雷小建议

传媒茶话会/主编

人民日报出版社
北 京

图书在版编目（CIP）数据

传媒实操小红书——不能不说的避雷小建议 / 传媒茶话会主编 . —北京：人民日报出版社，2023.1

（传媒实操小红书）

ISBN 978-7-5115-7608-8

Ⅰ . ①不…　Ⅱ . ①传…　Ⅲ . ①电子商务－运营管理－文集　Ⅳ . ① F713.365.1-53

中国版本图书馆 CIP 数据核字（2022）第 234302 号

书　　名： 传媒实操小红书——不能不说的避雷小建议
CHUANMEI SHICAO XIAOHONGSHU—BUNENG BUSHUO DE BILEI XIAO JIANYI

主　　编： 传媒茶话会

出 版 人： 刘华新

责任编辑： 林　薇　梁雪云　葛　倩

版面设计： 九章文化

出版发行： 人民日报出版社

社　　址： 北京金台西路 2 号

邮政编码： 100733

发行热线：（010）65369509　65369527　65369846　65369512

邮购热线：（010）65369530　65363527

编辑热线：（010）65369526　65363486

网　　址： www.peopledailypress.com

经　　销： 新华书店

印　　刷： 北京博海升彩色印刷有限公司

法律顾问： 北京科宇律师事务所　（010）83622312

开　　本： 880mm × 1230mm　1/32

字　　数： 192 千字

印　　张： 9.5

版次印次： 2023 年 5 月第 1 版　　2023 年 7 月第 2 次印刷

书　　号： ISBN 978-7-5115-7608-8

定　　价： 49.00 元

本书编委会

主　　　编：刘灿国
常务副主编：刘　娟
副　主　编：陈　莹　李　磊　宋园园　喻楷钧
叶　莉　汪　威　刘　莉　张　璇
编　　　辑：李光却卓玛　葛　畅　韦佳利　朱诗杰
黄云程　王　琪　姜家萱　金　鑫　刘　勇

序一　新闻人三笔写好“大”字

翟惠生
中国记协原党组书记、常务副主席

我常常关注着传媒茶话会，也是传媒茶话会成长道路上的见证者，所以当我得知传媒茶话会要把文章汇集成册由人民日报出版社出一套书并请我作序时，我欣然应允。

在我的印象里，传媒茶话会的选题和文章在同类传媒研究公众号里独树一帜，它毫不动摇地坚持党性原则，贴近新闻界的实际、贴近社会实践、贴近人民群众，而这几个贴近也体现出了它的主流价值观——预见、权威、影响。

拿到书稿后，翻阅了这本书的目录，从中我看到了传媒茶话会对媒体当下面临的疑惑的精准洞悉和感同身受。传媒茶话会试图用这三册书，帮助新闻人写好“大”字——成为一名大展拳脚、顶天立地的媒体人。

国庆、建党百年宣传报道要注意哪些问题？两会报道规范用语、常见差错有哪些？……都说捉蛇要拿七寸，传媒茶话会的这些文章真是把准了媒体人的脉。

《传媒实操小红书·不能不说的避雷小建议》就是“大”

字的第一笔，这一横是媒体的根。新闻报道是政治性很强的业务工作，又是业务性很强的政治工作，尤其是涉及重大时政议题的内容，不能犯丁点儿差错。它们就像是一把悬在媒体人头顶的达摩克利斯之剑，让人战战兢兢，如履薄冰。最常见的例子，每年的两会，“两会”一词加不加双引号？全国人大代表提的是“议案”还是“提案”？全国政协委员是“讨论政府工作报告”还是“审议政府工作报告”？政协委员是“界别”还是“届别”？……类似这样的问题，对于初入新闻行业的人来说，想要分清楚有一定难度。这册书深入浅出，让读者不仅知其然而且知其所以然，工具性、实操性非常强，是媒体人案头不可或缺的一本工具书。

“大”字去掉一横，就是个“人”字，一撇一捺，相互支撑、相互倚仗，这个人才能立起来。对于新闻从业者来说，要想成为一个顶天立地的新闻人，还得靠一篇篇扎实的作品说话。而扎实两个字的具体体现，我认为在于真实、客观、专业的报道，以及作品所产生的巨大的社会影响力。

真实、客观、专业的报道是“人”字的“撇”，坚持新闻专业精神写出来的报道，是追求社会影响力的前提。如何让新闻专业精神更贴近新闻实操工作，而不是教材上干瘪的理论？如何在理论与实践中找到平衡点？老实说，一个没几个人在传统媒体干过活的传媒研究公众号想在一群传媒老炮面前说三道四指点业务，没有点真功夫是无法服众的。

2022年6月10日，唐山某烧烤店发生一起寻衅滋事、暴力殴打他人案件。某家媒体一篇新闻报道因为表述不当引发了公众的反感，批评的声音很大。在很多自媒体都忙着跟着骂媒体的时候，传媒茶话会一篇《唐山打人事件是女性的噩梦，报道缺乏正确价值观是公众的噩梦》横空出世，文章一针见血地指出了这篇报道之所以引发争议，表面上看是措辞不当，实际上是记者编辑缺乏基本的价值观，陷入了绝对的新闻客观主义的“窠臼”中。

除了指出媒体的得失，《传媒实操小红书·不可不知的采编小技巧》还在如何写好新闻消息、评论、深度报道等方面，提供了一些有益的参考。

“人”字的另一笔，是“捺”，新闻人要想真正立足行业，还是得有响当当的作品。在新媒体时代，阅读量不仅是媒体人的KPI考核指标，也是评价一篇报道、一个作品是不是爆款最直观的指标。媒体人对阅读量的追逐就像是传统媒体时代对发行量的追逐，阅读量在一定程度上就是影响力。

爆款选题长什么样？命题作文如何做出爆款？时政稿件如何做到年轻人催更？如何运营出一个爆款不断的新媒体账号？《传媒实操小红书·不容错过的爆款小经验》的一个个话题似乎把媒体人的想法揣摩透了，专门“投其所好”，从具体案例着手，拆解流量密码，提炼了众多可推广的实践经验。

合上书稿，我看到了传媒茶话会对新闻工作的热爱和对新闻从业者的感同身受，正如它从创办之初就始终在为如何让媒体人活得更有尊严而努力。

2020年新冠肺炎疫情发生，湖北省武汉市成为重灾区，为了把武汉的实际情况报道给公众，面对情形不明的病毒，无数新闻工作者毅然逆行至武汉，物资紧缺，很多媒体人都缺乏防护物资。了解到这一情况后，传媒茶话会在大年初一毅然发起了“疫情报道者援助项目”，共筹集善款2764000元，早期从海外购买防护物资援助一线记者，后期将剩下的270多万元资金以关爱金的形式，按照人均100元/天的标准，发放给450位“逆行”湖北的新闻工作者。

2021年，了解到很多媒体人因为长期值夜班给身体造成了一定的影响，传媒茶话会又联合中国光华科技基金会发起了“夜班媒体人援助项目”，为新闻单位免费配备“心脏除颤仪”（AED），并向援助对象发放1万—30万元不等的援助金。2021年，向37位夜班媒体人发放了150万元的援助金。并且，这个项目还将持续办下去。

守正笃实，久久为功。作为一个小小的公众号，传媒茶话会自身并不富有，近两年来才勉强实现收支平衡，而在此之前的三年里，是他们咬着牙投入真金白银，不仅养着一支专业的团队做内容，还为媒体人做了不少公益，个中艰辛我想只有他们团队自己清楚。好在，功夫不负有心人，现在在我的微信朋友圈，我注意到有越来越多的媒体人会分享传媒茶话会的文章，在一些媒体业务交流群里，大家还会就某篇文章展开讨论。推动媒体人对新闻业务的研习，我个人认为是非常有益的。而这三本书，既是传媒茶话会六年的积淀，也将会是媒体人离不开的工具书。

序二　新闻这杯茶

米博华
人民日报社原副总编辑

刘灿国同志嘱我为传媒茶话会编写的“传媒实操小红书”系列（三册）写点介绍性文字。浏览书稿，会心一笑，心想，传媒茶话会确是道中之人：“采编小技巧”“避雷小建议”“爆款小经验”多是记者编辑的“随身用”。这几款茶，有色有香有味有型，啜苦咽甘，提神醒脑。

不敢说懂茶，却也十分热衷：一是曾受人民日报委托，做过几届中国新闻奖评委会副主任委员，对其发展脉络还算熟悉；二是办报上夜班近十年，处理各种繁重编务，经验和教训都不少；三是近期正撰写新媒体评论教材，收集了不少案例，对“爆款”很有兴趣。上述三册书稿所涉内容，既是重温，也是学习，犹如得闲煎茶，新火试茶，“无由持一碗，寄与爱茶人”。

书中所选案例和评述解读，准确、精到、专业，应该对读者多有启迪。这里，结合自己的新闻工作实践做些补充，但愿对读者有些许助益。

中国新闻奖——获得中国新闻奖，对从业人员无疑是莫大荣誉。这个奖是中宣部批准、中国记协主办的全国最高新闻奖项。对于地方和单位特别是个人，获得中国新闻奖是对工作的高度肯定。正如长江韬奋奖的获得者，相当多的是名记者、名编辑，不少日后成为新闻单位的领导。所以，报送单位和作者本人都格外看重，竞争也十分激烈。

正因如此，评奖条件相当严格，获奖因素也比较复杂。首先是，政治上必须合格，这是前提。我参评多届，回想起来，因舆论导向不妥或错误的，似乎极少见过；说明报送单位对舆论导向把关、审核很严。这无须多说。

中国新闻奖，当然要面向全国，统筹全局。报纸、广播、电视、网络等各类媒体，通讯、消息、评论等各种体裁，重大活动、主题报道、突发事件、社会生活等各种题材，都需要统筹考虑。还有，中央新闻单位和地方新闻单位，党媒和都市类媒体，军队和地方，东部、中部和西部等都需要综合平衡。所以，一篇作品能否获奖，获哪类奖，涉及因素很多。

评奖很难做到绝对公平。大省市和中央新闻单位，相对来说新闻资源比较丰富，容易出好作品。如，有些国家重大新闻报道，并非所有新闻单位都有机会采访；而有些边疆地区，记者跑上十天半个月，也未必能采访到高价值的新闻。有些大型政论，改写个十遍八遍，实属正常；而有些精彩的新闻照片，碰上了就是机会。采访成本和创作难度不一样，这也是显而易见的。

在我印象中，每次评奖大多能达成这样的共识，既要坚持高标准严要求，也要从实际出发，具体情况具体分析。评上的必须够格，不够格的不能被评上，这是原则。获奖的应该是比较优秀的作品，但同时，没被评上的未必不优秀，这也不无遗憾。

中国新闻奖，是对当下中国新闻事业发展的全面展示，其导向、示范意义十分重要；同时也是对新闻工作者的个人工作成就的表彰。如前所述，获得中国新闻奖，对单位和个人当然是一种肯定，但也并不意味着这是优秀的唯一标准。对新闻工作者来说，担当社会责任，履行记者职责，潜心研究业务，不断提高本领，才是新闻工作者的本分。获奖则是这种努力可能得到的结果。努力和结果都很有意义，都值得尊重。

“避雷”建议——熟练使用中国的语言文字，规范表述，准确表达，是采编人员和各类媒体的职责，也是提升全社会文明水平的一项重要建设。我做新闻工作多年，采编难以计数的稿件，但有一件事吹不起牛，就是写稿依然有错字别字，读稿依然念错音，个别字甚至根本就不认识。新闻报道，涉及太多方面内容，常用汉字有数千之多，无所不知，几乎是不可能的。直到今天，我仍然保持一种习惯，随身带上一本《新华字典》，桌上放一本《成语大词典》。不懂就翻，有疑就查。咬文嚼字，这应该是文字工作者的一种职业“嗜好”。

“小红书”所说的“不可不知”，确是采编工作“避雷”指南，但不应仅被看作一般意义的检校工作。我上夜班的体会，多半不规范的表述和不准确的表达，第一责任人是记者。绝大多数的事实错误均来自原稿。比如把“张三”写成“李四”，很多时候是检校无法识别的；把“副总经理”写成“总经理”，也常常无法检查出来。而作为主流媒体，报道出现哪怕是技术性疏漏，对当事人或对被报道单位，都会造成很大麻烦。所以，我们在采编工作中反复强调，不要因技术性失误导致政治上被动。应记住，误读、误解、误会，有时会造成难以挽回的损失，太不值得却又追悔莫及。

近些年来，中国新闻奖评委会增加了技术审核专门委员会，对字数要求、文法规范、标点使用等，采取更为严格的要求，不论任何人、任何报道，不达标或有错误，一票否决。有些非常好的作品，就是因为技术性差错而被否决，很可惜。也正因如此，主流媒体如人民日报、新华社都十分重视采编技术把关，信源真实可靠，表述规范准确，大可放心采用、引用。这本“小红书”所提“避雷”建议，大多是主流媒体多年总结的经验，价值很高。

当然，我翻看这本“小红书”依然收获很多，因为有些文字的提法、用法，我过去从未留意，也是第一次看到。说明，做人做事还是别那么自以为是的好。“人生有涯而知无涯”，至理也。

“爆款”怎样炼成——“爆款”，这无疑是三册书中最具挑战性的实战评述，大约可以算作一部教材。

我们国家新闻学水平不低。赓续党革命建设改革以来形成的宣传工作优良传统和丰富经验，中国特色社会主义新闻理论有着完整的体系。相对而言，传播学则比较薄弱，这与我们长期重宣传、轻传播的思维模式有关。从某种意义上说，这正是主流媒体在传播能力方面比较薄弱的原因所在。“小红书”第三册所举案例和所做分析，有些聚焦的是主流媒体平台，有些研究的是专业记者公众号。而有些则是自媒体的成功案例，尤其有参考价值，值得我们深入思考：我们的新闻资源、专业能力、发布平台，条件优越，但为什么费了老劲做出的产品，受众不稀罕、不喜欢，问题出在哪儿？当今做媒体，不把这事弄清楚、说明白，有时往往事倍功半，忙而无用。

这里说的“爆款”是指门户网站和各类平台刊发的具有广泛影响、巨大流量的报道与评论，其中不少是自媒体开的大号。但有些主流媒体的公众号和短视频号，也做得非常成功。如“侠客岛”（人民日报）、“牛弹琴”（新华社）、“青蜂侠”（中国青年报）、“玉渊谭天”（央视）等，消息来源可靠，评述准确精当，是主题宣传和官方声音的有力补充。据我所知，举凡发生重大新闻，推出上“10万+”“爆款”的，多系这些专业媒体机构。

自媒体这些年风生水起，有些有主流媒体和科研院所背景的“大V”，担纲流量，一呼百应，好生了得，这个不必多说。需要强调的是，重视流量、推陈出新，策划“爆款”、占领先机，这没有问题，但不能为流量而流量，能吸睛而没价值。新闻报道，添枝加叶；新闻时评，耸人听闻。这些年多次出现为“爆款”而制造假新闻，这种现象值得注意；特别是敌对势力透过“爆款”，操控议题、暗带节奏，这方面问题应引起高度警觉。

传媒茶话会是媒体人联谊的平台、交流的窗口、研讨的沙龙。很多新闻界同行相识于传媒茶话会，很多老同事重逢于传媒茶话会，以茶会友，十分开心。疫情期间，不少同行“禁足”在家，多亏传媒茶话会，使新老朋友有个地方聚聚、聊聊、侃侃，而其间还经常刊发一些专业论文和编采信息，让人大呼过瘾。新闻这杯茶，大家喝了一辈子，然而新茶上市，我们还是年年都有品茗的兴味。

是为序。

序三　开门好传统，兴报又旺号

顾勇华

中国记协原党组成员、书记处书记 | 人民日报社高级编辑

微信公众号传媒茶话会是服务媒体的新型传播方式。创办六年以来，推出一篇又一篇深受读者喜爱的文章。此次更是应读者吁请而不是因自身宣传之需，精选三组文字结集出版，这在微信传播史上是一件并不多见的值得称道的事情。

公众号创办人、中国经济媒体协会刘灿国副会长嘱我为这套书写个序。我写不了这个序，因为我对微信公众号传播规律的研究还不够深入透辟。但是，我愿意根据对传媒茶话会诞生以来编辑部业务的了解，以及对公众号传播特色的认知，提供些许材料请大家参考。

作为新的媒体传播方式，传媒茶话会创办之初就明确了对党报优良传统的继承和发扬。其中，最为成功的是"开门办号"。开门办报是党报最具特色的传统，在历史上发挥了重大作用，20世纪90年代开始有所弱化，多因认为新媒体不需要。但是，实践证明新媒体同样离不开开门办报。没有这一条，媒体融合就难以推进。2020年9月底，中办、国办印发的《关于

加快推进媒体深度融合发展的意见》明确提出，要走好全媒体时代群众路线，大兴开门办报之风。而此时，传媒茶话会“开门办号”已经三年多了。

“开门办号”的基本方式，就是话题从媒体来，因而十分切合实际；解题对策从媒体来，因而能够很好地满足大家思考问题的方向定位；公众号与媒体往复对话，因而有效深化了主题。此次结集出版的话题涉及中国新闻奖。这个奖虽然不是国家奖励，却是行业最高最权威的奖项，为大家所看重。怎样才能获奖，其实是个难题。公众号要言不烦，抓住重点要点，明晰而简洁，很是难得。报道重大事件要规避哪些问题，是公众号一大特色，受到重视不言自明。采写经验，则是“开门办号”最直接的表达方式，也为更多编辑记者的经验共享开辟了通道。

优良传统的继承与发扬光大，使传媒茶话会初步做到了捕捉话题快人一步，切入话题新人一层，议论话题高人一筹。这个特点也渐成自己的编辑方针。

传媒茶话会在服务对象心目中，初步形成了不可取代的威信。这主要是，遇有重大话题，想听听公众号说了什么。同时，在“开门办号”中传媒茶话会也形成了自己的话语风格，这是一个趋向成熟的公众号的标志。比如，坚决反对标题党，从而生产了一个又一个好标题；又如，针对不同内容，力求话语与内容匹配，这就需要编辑的业务娴熟，以及对内容的理解深刻。

传媒茶话会能引起多方面关注，是因为公众号在编辑业务、运营业务、媒体公益方面，有一支非常优秀的队伍。这支队伍年轻，却老到；是互联网一代，却对报、台传播规律的认知独到。

奉献给读者的是三本小书，但是，为媒体融合发展的未来走向，提供了可以研究的经验，很有意义。

目录

CONTENTS

第一辑 重大纪念日报道防错指南

第二辑 两会报道注意事项

第三辑 常见字词标点差错解析

第四辑 版权保护技巧

第五辑 多学几招

第一辑

重大纪念日报道防错指南

“祖国××华诞”？国庆宣传报道注意事项来了！

本文首发于2021年9月30日

作者：张凤强 谢瑞

“祖国××华诞”？“建国××周年”？“十·一国庆假期”？

不论是媒体还是企事业单位都会举行一些庆祝活动。在这些庆祝活动中，有哪些常见不规范表述需要特别注意？

当前，一些宣传稿件中出现了不同形式的不规范表述。例如下面这18种：

庆祝中华人民共和国建国××周年

纪念中华人民共和国建国××周年

庆祝新中国建国××周年

纪念新中国建国××周年

庆祝建国××周年

纪念建国××周年

庆祝祖国××华诞

纪念祖国××华诞

庆祝祖国成立××周年

纪念祖国成立××周年

庆祝祖国××周年华诞

纪念祖国××周年华诞

庆祝建国××周年华诞

纪念建国××周年华诞

纪念新中国××华诞

纪念新中国××周年华诞

纪念新中国成立××周年

庆祝新中国成立××年

请注意，这些都是不规范表述哦！

当表述中出现“建国”“祖国”“纪念”等词语，一定要睁大眼睛。出现其中一个词语，基本就可断定为不规范表述。

需要注意，不要把××周年写成××年。但是，在“新中国成立××年来”类似的表述中，就不需要写作××周年。

关于“建国”

近几年，我们国家对相关的表述越来越规范、清晰。例如，中国共产党第十九次全国代表大会部分修改，2017年10

月24日通过的《中国共产党章程》，就有3处将“建国”修改为“新中国成立”。

修改前为：

建国以后，顺利地进行了社会主义改造。
总结建国以来正反两方面的经验。
到建国一百年时，全面建成社会主义现代化强国。

修改后为：

新中国成立以后，顺利地进行了社会主义改造。
总结新中国成立以来正反两方面的经验。
到新中国成立一百年时，全面建成社会主义现代化强国。

因此，在庆祝新中国成立××周年的相关活动和报道中，若出现“建国××周年”的表述则是不规范的。

关于“祖国”“纪念”

“祖国”是一个宏观的地理人文概念，具有浓烈的文化意义和感情色彩。“祖国”与“国家”也不是同一个概念，类似“祖国××华诞”等表述也是不正确的。

“纪念”是对已不存在的、已经过去的人或事物而言。新中国成立至今是一直存在的，也将继续存在，我们要做的是

“庆祝”，而不是“纪念”。因此，类似“纪念新中国成立××周年”的表述也是不正确的。

我们提醒大家，写作“庆祝中华人民共和国成立××周年”或“庆祝新中国成立××周年”最规范。注意：阿拉伯数字也可以写作汉字数字。

国庆节庆祝的横幅中相关表述该怎么写？我们的建议是，可以写作：

庆祝中华人民共和国成立××周年

热烈庆祝中华人民共和国成立××周年

欢度（注意不要写成“渡”）国庆

说说“华诞”

先看看《现代汉语词典》的释义：

我们常见的表述有“庆祝新中国××华诞”“庆祝新中国××周年华诞”“在中华人民共和国即将迎来××华诞之际”等。

首先要说明的是以上三种表述都是正确的。

很多读者会问“周年”和“华诞”可以连用吗？

笔者认为可以。

其他常见不规范表述

错例：“‘十·一’出行指南来了”。

例句中“十一”不写作“十·一”。

错例：中国共产党团结和带领全国各族人民摆脱“三座大山”。

“摆脱”应表述为“推翻”。

“培育和践行社会主义核心价值观”不应表述为“培养和践行社会主义核心价值观”。

“坚持一个中国原则”不应表述为“坚持‘一个中国’原则”。

“家庭联产承包责任制”不应表述为“家庭联产责任承包制”。

“全国重点文物保护单位”不应表述为“全国文物重点保护单位”。

“供给侧结构性改革”不应表述为“供给侧结构改革”。

“闪耀着真理光芒”不应表述为“散发着真理光芒”。

“跳出历史周期率”不应表述为“跳出历史周期律”。

“国庆庆典活动有利于引导人们铸牢中华民族共同体意识”不应表述为“国庆庆典活动有利于引导人们筑牢中华民族共同体意识”。

“无产阶级革命家”不应表述为“无产阶段革命家”。

描述当前我国人口数，不应再表述为“13亿多人口”。

国家统计局数据显示，截至2019年末，中国大陆总人口突破14亿人，为140005万人，比上年末增长467万人。

遇到“炎黄子孙”一词一定要注意，一般可表述为“中华儿女”。

例：国庆节将在人民大会堂举办庆祝中华人民共和国成立

70周年文艺晚会。晚会以大型音乐舞蹈史诗形式呈现，名称叫《奋斗吧　中华儿女》。

11种常见不规范引用

“赤橙黄绿青蓝紫，谁持彩练当空舞”中的“蓝”不写作“靛”。

“不畏浮云遮望眼”不写作“不为浮云遮望眼”。

“虎踞龙盘今胜昔，天翻地覆慨而慷”不写作“龙盘虎踞今胜昔，翻天覆地慨而慷”。

“治大国若烹小鲜”不写作“治大国如烹小鲜”。

“其作始也简，其将毕也必巨”不写作“其作始也简，其将毕也必钜”。

“天地英雄气，千秋尚凛然”不写作“天地英雄气，千秋尚禀然”。

“虽九死其犹未悔”不写作“虽九死其尤未悔”。

“长风破浪会有时”不写作“乘风破浪会有时”。

“直挂云帆济沧海”不写作“直挂云帆济苍海”。

“为有牺牲多壮志”不写作“唯有牺牲多壮志”。

“敢教日月换新天”不写作“敢叫日月换新天”。

9个常见错别字

“躬逢盛世”不要写作“恭逢盛世”“躬逢盛事”“恭逢

盛事”。

“初心如磐”不写作“初心如罄”。

“历史交汇期”不写作“历史交会期”。

“国内外形势正在发生深刻复杂变化”中的“形势”，拼音输入法容易打成“形式”。

“物阜民丰”不要写作“物埠民丰”。

“增进民族团结”不要写作“增近民族团结”。

“作表率”与“做表率”皆可，中央级媒体一般写作“作表率”，但“做好表率”不宜写作“作好表率”。

“cháng年担负战备值班任务”中的“cháng”宜写作“常”。

“老兵精神矍铄”不写作“老兵精神镬铄”。

涉及国家方面

关于国旗。不少网站关于国庆的网络专题，国旗的四颗小五角星常出现错误。正确的是四颗小五角星各有一尖正对着大星的中心点，这是表示围绕着一个中心而团结，在形式上也显得紧凑美观。

关于国徽。《中华人民共和国宪法》和《中华人民共和国国徽法》中有同样的一句话：“中华人民共和国国徽，中间是五星照耀下的天安门，周围是谷穗和齿轮。”

有不少文章指出，“谷穗”应为“麦稻穗”，但从相关法律及《辞海》等工具书来看，都是写作“谷穗”。

精选留言

Intro：

真的学到了，上面列举、对比都觉得没问题，现在看书的时间少，快餐新闻看得太多了，很多东西就像打字太多，结果不会写字了。以前的纸媒虽然不像现在的网络新闻传播得那么快、范围那么广，但是纸拿在手里，看进去的比手机移动设备多又详细。

“七七事变”××周年，历史事件规范表述千万别用错！

本文首发于2021年7月7日

作者：李磊　陈莹

每年的7月7日是“七七事变”的纪念日。

传媒茶话会梳理发现，媒体关于“七七事变”的表述五花八门。

有写作“七·七事变”的；

有写作七七事变，不加双引号的；

有写作“七七卢沟桥事变”的；

甚至直接写成“七七”；

还有写作“七·七”的。

这几种用法，哪一种才是规范的用法？带日期的历史事件该如何规范表述？

带着这两个问题，传媒茶话会对话人民日报总编室校检室原主任卢玉华。

七七事变也叫卢沟桥事变，在商务印书馆（2018年）出版的《现代汉语词典（第7版）》中，关于七七事变的表述不加“双引号”，中间也不加分隔符。

《辞海》第七版有“七七事变”和“卢沟桥抗战”两个表述。

人民日报社总编室校检室原主任卢玉华告诉传媒茶话会，七七事变加不加双引号都可以。而且用的时间长了，不加双引号成为约定俗成的用法。

综上，七七事变、“七七事变”、“卢沟桥事变”、“卢沟桥抗战”这几种用法都没有问题。但是，不能表述为“七七卢沟桥事变”“七·七事变”。

为何“七·七事变”的用法就有问题呢？这就引出了下面这个问题：带月、日的事件、节日或其他带有特定意义的词组，该如何规范使用？

卢玉华讲道，这要分两种情况：

一是，含有月日的专名采用汉字数字表示时，如果涉及一月×日、十一月×日、十二月×日，应用间隔号“·”将表示月和日的数字隔开，涉及其他单数月份时，不用间隔号。比如“一二·九运动”“九一八事变”。

二是，用阿拉伯数字表示事件时，无论几月都加中圆点。比如：9·11事件。

“佩戴党徽”？主流媒体这样表述不妥！

本文首发于2021年7月2日

作者：张凤强

“‘喜’迎七一：多对新人登记结婚，有人特意佩戴党徽来”

“即将迎来中国共产党100周年生日，你的党徽佩戴正确吗？”

“百岁老党员为新党员佩戴第一枚党徽”

“72年党龄老党员为新党员佩戴党徽：希望新党员传承老一辈精神”

“佩戴党徽亮身份，这是一份责任，是荣誉，更是鞭策”

上述5个例子是一些主流媒体的新闻报道的标题，你发现什么问题了吗？

2021年是中国共产党成立100周年，不少党员都佩戴了党员徽章。但是在新闻报道中，一些媒体却将“党员徽章”写作

"党徽"。

党员徽章和党徽能画等号吗？媒体在报道党员佩戴党员徽章时还需要注意哪些问题？

"党员徽章"不能简写为"党徽""党章"

通过检测，传媒茶话会发现一些媒体在报道中常出现"佩戴党徽"的表述。在某些部门也有开展"党徽戴起来、身份亮出来""戴党徽、亮身份、践承诺"等活动的表述。

其实，这些表述都是不妥的。

一方面，党员佩戴的是党员徽章而不是党徽，两者不可以画等号。

从式样上来看，中国共产党党徽为镰刀和锤头组成的图案。

党员徽章式样为党员徽章正面上方为中国共产党党旗图案，下方为圆形图案，印有"为人民服务"字样；背面标注××省（区、市）或××部门（系统）党委组织部监制字样。徽章尺寸为24mm×22.5mm×2mm，材质为锌挂镀仿金。

《关于窗口单位和服务行业党员佩戴党员徽章有关事宜的通知》和《中共中央组织部办公厅关于规范党员佩戴党员徽章有关事宜的通知》两份文件中也使用的是"党员徽章"。

因此，"党徽"和"党员徽章"是两个不同的概念。为避免混淆，党员徽章不能简写为党徽。

另一方面，两者使用的情形和范围也不同，党徽是不能佩戴的。

近日，中共中央印发了《中国共产党党徽党旗条例》(以下简称《条例》)，并发出通知，要求各地区各部门认真遵照执行。

《条例》第四条指出，党徽党旗制作、使用、管理必须坚持统一标准、统一规范，坚持分级负责、集中管理。《条例》第六条、第七条对党徽的使用范围作出了明确规定：

第六条　下列情形应当使用党徽或者党徽图案：

（一）召开党的全国代表大会、代表会议和地方各级代表大会、代表会议，在显著位置悬挂党徽，并在党徽两侧各布5面红旗；

（二）召开党的中央和地方委员会全体会议，在显著位置悬挂党徽；

（三）党的中央和地方委员会及其工作部门、党的中央和地方委员会在特定地域派出的代表机关及其工作部门、党的纪律检查机关、党组、党的基层组织的印章（印模），中间刻党徽图案。

第七条　党的基层委员会召开党员大会或者党员代表大会，根据需要可以悬挂党徽。

下列情形可以使用党徽图案：

（一）党内重要会议、重要活动使用的证件，标识等；

（二）党的各级组织颁发的奖章、徽章、奖状、证书和其他荣誉性文书、证件，制作的有关工作证件等；

（三）党内重要出版物、宣传品等；

（四）党的各级组织的网络网站；

（五）党员教育基地、党员先锋岗、党建宣传栏（墙），以及党群服务中心、党员活动室等基层党组织活动场所；

（六）开展党的对外交往活动。

可见，个人佩戴党徽并不在使用范围之内。

因此，在新闻报道或公文写作中，我们要注意这三点：

“党徽”是不能“（佩）戴”的。党员（佩）戴的是“党员徽章”。“党员徽章”不能简写为“党徽”。

另外，“佩戴党员徽章”也不写作“佩戴党章”。党章一般是《中国共产党章程》的简称。

报道党员佩戴党员徽章的注意事项

1.避免使用的图片中出现不符合规定的党员徽章

注意确认新闻图片中新闻人物佩戴的党员徽章是否为官方推荐的党员徽章式样。避免不符合规定的各类徽章被误作为党员徽章出现在新闻图片中。

2.注意佩戴党员徽章的情形

关于佩戴党员徽章的情形，不同单位有不同要求，大体有以下情形：

党员参加庆祝中国共产党成立活动时应当佩戴党员徽章，党员参加党内重大会议时应当佩戴党员徽章，党员参加本地区本部门本单位党组织举行的集体活动或集会时应当佩戴党员徽章，党员参加党支部党日活动时应当佩戴党员徽章，党员面向党旗进行入党宣誓或举行重温入党誓词仪式时应当佩戴党员徽章，窗口单位和服务行业党员在工作时间内应当佩戴党员徽章，提倡党员在工作时间内佩戴党员徽章，预备党员可以佩戴党员徽章，非党员不得佩戴党员徽章，其他应当佩戴党员徽章的场合。

3. 注意党员徽章佩戴方式和要求

《中共中央组织部办公厅关于规范党员佩戴党员徽章有关事宜的通知》第二条要求：佩戴党员徽章必须严肃、庄重。党员徽章应佩戴在左胸中间位置，不得使用破损、污损、褪色或不符合制作规定的党员徽章。

因此，媒体在使用相关图片时要注意新闻图片中的当事人党员徽章的佩戴方式是否符合要求。

精选留言

一丁：

身为一名记者，我在以往的报道中也出现过此类错误，今日看到这篇稿子，恍然大悟。感谢好稿！评论区看到一些反对的声音，对此深表难过，随着网络的发达，人人都可以随意写东西，导致我们的文化越来越随意，遣词造句越来越不严谨。而且，错的人还本末倒置嘲笑正确的说法为较真儿。如果这是较真儿，我希望能多一些人去较真儿。支持老师！

快看！建党××周年宣传报道最全防差错指南来了！

本文首发于2021年6月24日

作者：张凤强 编辑部

在重大主题宣传中，内容安全尤为重要。如果内容把关不严，就会引起读者诟病，甚至引发舆情。

临近“七一”，重大主题宣传还要注意哪些问题？传媒茶话会编成《建党××周年宣传报道最全防差错指南》，给读者提个醒。

关于建党××周年的主流表述

今年是中国共产党成立××周年

今年是中国共产党建党××周年

今年是建党××周年
庆祝中国共产党成立××周年
庆祝中国共产党建党××周年
庆祝建党××周年
以优异成绩庆祝建党××周年
以优异成绩庆祝中国共产党建党××周年
以优异成绩庆祝中国共产党成立××周年
以优异成绩迎接建党××周年
以优异成绩迎接中国共产党建党××周年
以优异成绩迎接中国共产党成立××周年
建党××周年
建党百年
建党百年华诞
建党百周年
建党百周年华诞

以上表述都没有错，官方语境使用最多的是“庆祝中国共产党成立××周年”。但需注意：“庆祝中国共产党成立××周年”不能表述为“纪念中国共产党成立××周年”。

避免图片使用差错

“七一”前，很多媒体会刊登关于重温入党誓词的图片新闻。

这里提醒图片编辑，手里拿着纸条“领读”入党誓词的图片，就不要选用了，很容易被读者指责。一些纪念场所有专门供党员群体重温入党誓词的背景，背景墙等一般会附有入党誓词。

入党誓词的表述要规范

1.“志愿”不要写成“自愿”

另外注意，“终身”不要写成“终生”。

2.“重温入党誓词”不写作“重温入党宣誓”

“重温”的是“入党誓词”，而“入党宣誓”是一种行为、一种庄严的仪式。

《中国共产党章程》第一章第六条规定：“预备党员必须面向党旗进行入党宣誓。”

注意：“重温入党誓词”也不要写作“重温入党誓言”。

避免引用差错

引用诗词名句时，一定要与原文匹配。

“敢教日月换青天”应为“敢教日月换新天”。

“大渡桥横铁锁寒”应为“大渡桥横铁索寒”。

“翻天覆地慨而慷”应为“天翻地覆慨而慷”。

“千磨万击还坚韧”应为“千磨万击还坚劲”。

“雄鸡一唱天下白”应为“一唱雄鸡天下白”。

另外，引用诗词时，要查明出处和作者。对于汉奸、民族败类等所作的诗词，要谨慎引用。

避免人名、书名差错

1.关于人名差错

“皮定均”不写作“皮定钧”。

“陈伯钧”不写作“陈伯均”。

“沈钧儒”不写作“沈均儒”。

“陈赓”不写作“陈庚”。

“陈嘉庚”不写作“陈嘉赓”。

“萧劲光”不写作“肖劲光”。

“恽代英”不写作“诨代英”。

“陈潭秋”不写作“陈谭秋”。

“黄炎培”不写作“黄培炎”。

“杨闇公”不写作“杨暗公”。

2.关于名篇差错

《论中国共产党历史》不写作《论中国共产党的历史》。

《论党的宣传思想工作》不写作《论党的思想宣传工作》。

《饿乡纪程》不写作《俄乡纪程》。

《实践是检验真理的唯一标准》不写作《时间是检验真理的唯一标准》。

有《邓小平文集》《邓小平文选》，但没有《邓小平选集》。

“党史学习教育”不写作“党史学习教育活动”

3月23日，据中央宣传部分管日常工作的副部长王晓晖介绍，为庆祝中国共产党成立100周年，将结合巩固深化“不忘初心、牢记使命”主题教育成果，在全体党员中开展党史学习教育。这次学习教育贯穿2021年全年，总的要求是学史明理、学史增信、学史崇德、学史力行，教育引导党员干部学党史、悟思想、办实事、开新局。

2021年2月，中共中央印发《关于在全党开展党史学习教育的通知》（以下简称《通知》），就党史学习教育作出部署安排。《通知》强调，各级党委（党组）要把开展党史学习教育作为一项重大政治任务，高度重视、精心组织。

近年来，我党开展的教育一般不加“活动”二字。如：

“不忘初心、牢记使命”主题教育

“两学一做”学习教育

不加“活动”，说明教育是一个长期的过程，而不是刮一阵风，开展几项配合活动就了事的。

这也提醒我们在开展教育、进行报道时，不能走过场。

关于几个规范表述

“二万五千里长征”和“两万五千里长征”，官方的表述为“二万五千里长征”。

“炼就金刚不坏之身”不写作“练就金刚不坏之身”。

“历史周期率”不写作“历史周期律”。

“南方谈话”不写作“南巡讲话”。

“七一勋章”不写作“七一”勋章。

"两优一先"不写作"两先一优"。

"奋斗百年路　启航新征程"大型主题采访活动

1月18日，中宣部在国家博物馆举行"奋斗百年路　启航新征程"大型主题采访活动启动仪式。

当前，不少媒体都开设《奋斗百年路　启航新征程》专栏或专版。

注意三个问题：

一是"启航"不要写作"起航"。

二是"奋斗百年路"和"启航新征程"之间不用顿号、间隔号，也不能直接连接，而是要空一个汉字格。

三是《奋斗百年路　启航新征程》专栏，可以用书名号，也可以用引号。多用书名号。

"不忘初心、牢记使命"主题教育

"不忘初心、牢记使命"主题教育的表述很容易出现差错，要注意以下几点。

"不忘初心"与"牢记使命"之间用顿号不用逗号。

"牢记使命"的"牢"不能写作"劳""军"。

"不忘初心"的"忘"不能写作"枉""亡"。

"不忘初心"的"初"不能写作"粗"。

"牢记使命"的"记"不能写作"系"。

注意输入法错误

“自我净化”错成“自我进化”。

“体现担当”错成“提现担当”。

“践行社会主义核心价值观”错成“贱行社会主义核心价值观”。

“铸牢中华民族共同体意识”错成“筑牢中华民族共同体意识”。

“把我们的血肉筑成我们新的长城”错成“把我们的血肉铸成我们新的长城”。

近年来，输入法致错的问题呈上升趋势，因输入法选词错误等导致的误用，经常见诸媒体。不要觉得输入法等低级差错好笑，有的差错可能会引起歧义或反义，甚至形成舆情。

关于精神谱系

精神谱系中，大多数的“精神”不带引号，如长征精神、抗震救灾精神、西柏坡精神等。

要注意几个带引号的：

“两路”精神

“两不怕”精神

“两弹一星”精神

还要注意，在中国共产党人的精神谱系中，抗疫精神写作伟大抗疫精神。另外，“抗疫”不要错作“抗议”。

挖掘党章中蕴含的编校知识

党章里的很多表述蕴含着编校知识，仔细品味，对我们日常的行文规范也有着指导作用。

我们平时所说的党章二字，一般不需要加任何标点符号，那么它的全称是什么呢？党章的全称是《中国共产党章程》。有些人在日常行文中常把其全称错作《中国共产党党章》《中国共产党党的章程》《中国共产党的章程》。

但要注意，在历史上确实有《中国共产党党章》的叫法。

中共一大讨论和通过了《中国共产党纲领》，是党的历史上关于党的建设的第一个马克思主义的光辉文献；

中共二大讨论和通过了《中国共产党章程》，是中国共产党第一部比较完整的章程；

中共六大通过了《中国共产党党章》；

中共七大通过了《中国共产党党章》；

中共八大通过的《中国共产党章程》（1956年9月26日），是中国共产党执政以后制定的第一部党章。自此之后，一直称作《中国共产党章程》。

我们不妨看看这个例子怎么改：音乐剧也生动再现了革命战士张人亚誓死守护第一部《中国共产党党章》《共产党宣言》等党的早期重要文献的感人故事。

根据历史和上述解读，张人亚誓死守护的是中共二大通过的《中国共产党章程》，因此例子中的“中国共产党党章”应为“中国共产党章程”。

写材料或报道时，我们经常会遇到是“交纳党费”还是“缴纳党费”的疑惑。规范的表述是“交纳党费”。“交”与“缴”一字之别，折射党性之纯、责任之重与守纪之严。

《中国共产党章程》第一条规定：“年满十八岁的中国工人、农民、军人、知识分子和其他社会阶层的先进分子，承认党的纲领和章程，愿意参加党的一个组织并在其中积极工作、执行党的决议和按期交纳党费的，可以申请加入中国共产党。”

另外，在《中国共产党党员教育管理工作条例》《关于新形势下党内政治生活的若干准则》中，也有关于“交纳党费”的表述。

需要注意，还有一个表述叫“党费收缴”。《关于中国共产党党费收缴、使用和管理的规定》（以下简称《规定》）是中央组织部2008年发布的3号文件。《规定》指出，按照党章规定向党组织交纳党费，是共产党员必须具备的起码条件。党费收缴、使用和管理，是党的基层组织建设和党员队伍建设中的一项重要工作。

因此，我们在使用中一定要注意这两个规范表述：交纳党费、党费收缴。

党章第六条明确写着入党誓词。入党誓词是党对党员行为要求的“指南针”，也是党员对党立下承诺的“军令状”。12句话，句句千钧；80个字，字字珠玑。

根据党章的规定，申请入党的人，要填写入党志愿书。这里要注意“入党志愿书”与“入党申请书”的区别。入党申请书是由申请人自发向党组织提出入党的书面材料，入党志愿书则是党组织交给申请人填写的；入党申请书只是表明申请人的个人态度，而填写入党志愿书则标志着组织上对申请人的态度。填写入党志愿书时，发展对象已经经过党组织较长时间的系统教育和精心培养，并经历了一定的实践锻炼，思想认识等各方面都有了较大的提高，与写入党申请书时相比，已明显不同。

根据党章的表述，“留党察看”不写作“留党查看”。

还要注意，党章的修改变化。如“中国共产主义青年团是中国共产党领导的先进青年的群众组织”已修改为“中国共产主义青年团是中国共产党领导的先进青年的群团组织”。

避免党旗党徽、活动标识使用差错

一、与其他标识混淆

错例1：与其他国家国旗、党旗混淆

应尤其注意区别分辨镰刀、锤头等元素相似度高的标识。

错例2：党徽不标准

中共中央办公厅1996年9月21日印发《中国共产党党旗党徽制作和使用的若干规定》，对党旗党徽颜色、尺寸、画法等进行了严格规定，具体可参考文件规定。

错例3：与党员徽章混淆

二、盲目轻信图库

媒体经常大量使用图片，不少从业者习惯从图片网站中搜索图片或购买商业图库图片，便捷的关键词搜索就能出现各种相关结果，但这些图库中关于党旗、党徽、活动标识的图片可能不准确，建议选择权威图库。

党旗党徽的使用范围及说明

在庆祝建党百年的各种活动中还可能用到党旗党徽。

传媒茶话会建议大家按照中共中央办公厅1996年9月21日印发的《中国共产党党旗党徽制作和使用的若干规定》正确使用。

中国共产党党旗为旗面缀有金黄色党徽图案的红旗。中国共产党党徽为镰刀和锤头组成的图案。

党旗的通用规格有下列五种：

长288厘米，宽192厘米；

长240厘米，宽160厘米；

长192厘米，宽128厘米；

长144厘米，宽96厘米；

长96厘米，宽64厘米。

在特定场所需要使用非通用规格党旗的，报县级以上党的委员会组织部批准。用于悬挂的党徽的具体尺寸，由使用党徽的党组织提出并报县级以上党的委员会批准。

中国共产党党徽为镰刀和锤头组成的图案，是中国共产党的象征和标志。锤头是工人的劳动工具，象征着工人阶级；镰刀是农民的劳动工具，象征着农民阶级。

党徽使用范围：

1.党的委员会及其工作部门、党的中央和地方委员会派出的代表机关及其工作部门、党的纪律检查机关和党组的印章（印模）中间应当刻有党徽图案；

2. 召开党的全国代表大会、代表会议和地方各级代表大会、代表会议，应当悬挂党徽，并在党徽两侧各布五面红旗；

3. 党的各级组织颁发的奖状、证书和其他荣誉性文书、证件上，可以印党徽图案；

4. 党内出版物上可以印党徽图案。

除上述情况外，使用党徽及其图案需经县级和县级以上党的委员会组织部批准。

精选留言

Bingo：

中国共产党成立100周年庆祝活动标识新旧版本除了党徽区别外，还有一个重要区别，光芒线的分布不同，旧版本100后面那个0里面有16条光芒线，新版本里只有13条光芒线，仔细数数看。

第二辑

两会报道注意事项

2023年全国两会宣传报道编校手册来啦，别再传旧版本了！

本文首发于2023年3月2日

作者：张凤强

2023年全国两会将分别于3月4日、3月5日召开。

做好两会宣传报道，应该注意哪些问题？

本文是传媒茶话会梳理的最新版两会宣传报道实务手册。文章从表述规范性提醒、2023年地方政府工作报告差错案例、两会报道规范用语备忘三个方面为大家提供参考。

表述规范性提醒

01

十四届全国人大一次会议开幕会中的“开幕会”不写作

“开幕式”

全国政协十四届一次会议开幕会中的“开幕会”不写作“开幕式”

02

中华人民共和国第××届全国人民代表大会简称第××届全国人民代表大会或××届全国人大

如：中华人民共和国第十四届全国人民代表大会代表可简称为第十四届全国人民代表大会代表或十四届全国人大代表

中华人民共和国第十四届全国人民代表大会第一次会议可简称为第十四届全国人民代表大会第一次会议或十四届全国人大一次会议

03

第××届全国人民代表大会第××次会议与第××届全国人民代表大会常务委员会第××次会议不是一个会议

第××届全国人民代表大会第××次会议简称××届全国人大××次会议

第××届全国人民代表大会常务委员会第××次会议简称××届全国人大常委会第××次会议

注意：

1. 以上××用汉字数字，不用阿拉伯数字

2. ××届全国人大常委会第××次会议中的“第”字不要漏掉

04

中国人民政治协商会议全国委员会简称政协全国委员会或全国政协

××届全国政协××次会议应为全国政协××届××次会议

全国人大××届××次会议应为××届全国人大××次会议

注意：

以上××用汉字数字，不用阿拉伯数字。

05

政协第××届全国委员会常务委员会第××次会议可简称为全国政协××届常委会第××次会议

注意：

1. 以上××用汉字数字，不用阿拉伯数字。

2. 全国政协××届常委会第××次会议中的“第”字不要漏掉。

06

全国人大代表不写作全国人大委员

全国政协委员不写作全国政协代表

07

中国人民政治协商会议不写作中华人民共和国政治协商会议

全国人民代表大会不写作中国人民代表大会

08

全国人大农业和农村委员会为错误表述

规范的表述是：全国人民代表大会农业与农村委员会或全国人大农业与农村委员会

09

全国政协农业与农村委员会为错误表述

规范的表述是：中国人民政治协商会议全国委员会农业和农村委员会或全国政协农业和农村委员会

10

农业和农村部、农业与农村部、国家农业农村部为错误表述。

规范的表述是：农业农村部

11

环境资源届为错误表述

规范的表述是：环境资源界

提醒：第十四届全国政协界别设置新增了“环境资源界”这一界别。第十四届全国政协界别设置将“中国共产主义青年团”和“中华全国青年联合会”两个界别合并为“中国共产主义青年团和中华全国青年联合会”一个界别。第十四届全国政协34个界别为：

中国共产党、中国国民党革命委员会、中国民主同盟、中国民主建国会、中国民主促进会、中国农工民主党、中国致公党、九三学社、台湾民主自治同盟、无党派人士、中国共产主义青年团和中华全国青年联合会、中华全国总工会、中华全国妇女联合会、中华全国工商业联合会、中国科学技术协会、中华全国台湾同胞联谊会、中华全国归国华侨联合会、文化艺术界、科学技术界、社会科学界、经济界、农业界、教育界、体育界、新闻出版界、医药卫生界、对外友好界、社会福利和社会保障界、环境资源界、少数民族界、宗教界、特邀香港人士、特邀澳门人士、特别邀请人士。

12

人民代表大会制度是中华人民共和国的根本政治制度

中国共产党领导的多党合作和政治协商制度是中华人民共和国的一项基本政治制度

社会主义制度是中华人民共和国的根本制度

13

人大及其人大常委会为常见错误表述

混淆了人民代表大会与其常设机关——常务委员会的关系

规范的表述是：人民代表大会及其常务委员会或人大及其常委会。

14

人大常委会不称作人大、常务委员会、常委会

规范的表述是：人民代表大会常务委员会或人大常委会。

15

人大代表直接行使国家权力为错误表述

《中华人民共和国全国人民代表大会和地方各级人民代表大会代表法》第二条中有这样一句表述：全国人民代表大会和地方各级人民代表大会代表，代表人民的利益和意志，依照宪法和法律赋予本级人民代表大会的各项职权，参加行使国家权力。

所以，人大代表直接行使国家权力的表述是错误的，可表述为人大代表参加行使国家权力。

16

人大代表参政议政为错误表述

人大代表职务不只是参政议政，还要参加行使国家权力，

通过集体行使职权，决定政治、经济等方面的重大事务。“人大代表参政议政”的错误表述是对人大法律地位和人大代表职权的误解，混淆了人大与政协的区别。

规范的表述是：人大代表履行职责，政协委员参政议政。

17

人大及其常委会是国家权力机关为错误表述

规范的表述是：人民代表大会是国家权力机关，人大常委会是县级以上国家权力机关的常设机关。

18

人民代表大会临时党组、人大党组为错误表述

规范的表述是：人民代表大会临时党组织、人大常委会党组。

19

地方各级人大常委会相关错误表述

规范的表述是：县级以上地方各级人大常委会。

因此，乡（镇）人大常委会的表述也是错误的。

20

省人大办公厅、市人大办公厅（室）、县人大办公室为错误表述

规范的表述是：省人大常委会办公厅、市人大常委会办公厅（室）、县人大常委会办公室。

21

××省人大主任为错误表述

规范的表述是：××省第××届人民代表大会常务委员会主

任或××省人大常委会主任。

22

市人民代表大会关于撤销××职务的决定为错误表述

规范的表述是：市人民代表大会常务委员会关于撤销××职务的决定或市人大常委会关于撤销××职务的决定。

23

人大常委会委员们通过了关于……为错误表述

规范的表述是：人大常委会会议通过了关于……

24

人大女代表为错误表述

人民代表大会代表是专有名词，简称“人大代表”。

规范的表述是：女人大代表。

25

镇人大主任、镇人大副主任为错误表述

规范的表述是：镇人民代表大会主席、镇人民代表大会副主席。

26

××届全国人大常委会第××次委员长会会议为错误表述

规范的表述是：××届全国人大常委会第××次委员长会议。

27

人大会为错误表述

规范的表述是：

就机构而言，可表述为：人民代表大会（人大）或人民代表大会常务委员会（人大常委会）

就会议而言，可表述为：人民代表大会会议（人大会议）或人民代表大会常务委员会会议（人大常委会会议）。

28

全国人大代表出席会议，不能写为列席。

全国政协委员列席人大开幕会，不能写为出席

29

人大代表提的“议案”，不能写为人大代表提的“提案”。

政协委员提的“提案”，不能写为政协委员提的“议案”

30

人大代表“审议政府工作报告”，不能写为人大代表“讨论政府工作报告”

政协委员“讨论政府工作报告”，不能写为政协委员“审议政府工作报告”

31

最高人民检察院检察长，不能写为最高人民检察院院长

中华人民共和国审计署审计长不能写为中华人民共和国审计署署长

香港特别行政区政府审计署署长不能写为香港特别行政区政府审计署审计长

32

人大代表的权利，不能写为人大代表的职权

33

人大召开各类会，简称“大会”，不能写为“会议”。

政协召开各类会，简称“会议”，不能写为“大会”。

34

列席人员，不能写为列席代表

35

非中共人士、党外人士，不能写为非党人士

2023年地方政府工作报告差错案例

1. 不断提高政治判断力、政治领悟力、政治执行力，始终在政治上思想上行动上……

政治上思想上行动上应为思想上政治上行动上

2. 我们认真贯彻落实全国第八次对口支援新疆工作会议精神，充分发挥主体作用……

全国第八次对口支援新疆工作会议应为第八次全国对口支援新疆工作会议

3. 先后派出24批次5600多名医疗队员支援10个省市区，受到国务院联防联控机制和受援地区肯定与好评。

省市区应为省区市

4. 坚持在发展中保障改善民生，深化收入分配制度改革，多措并举提高居民收入，提升基本公共服务均等化水平，扎实推进共同富裕。

在发展中保障改善民生应为在发展中保障和改善民生

5. 有效防范化解重大经济金融风险，着力维护社会和谐稳定，实现高质量发展与高水平安全的良性互动。

高质量发展与高水平安全应为高质量发展和高水平安全

6.牢牢把握“疫情要防住，经济要稳住，发展要安全”重要要求，统筹疫情防控和经济社会发展，统筹发展和安全。

疫情要防住，经济要稳住，发展要安全应为疫情要防住、经济要稳住、发展要安全

7.坚持把良好的生态环境作为最普惠的民生福祉，积极创建全国“两山”创新实践基地。

“两山”创新实践基地应为“两山”实践创新基地

8.今年是全面贯彻落实党的二十大精神的开局之年，也是实施十四五发展规划承上启下的关键之年。

十四五发展规划应为“十四五”规划

9. 10部作品获第十六届精神文明建设“五个一工程奖”、数量居全国首位……

“五个一工程奖”应为“五个一工程”奖

10. 6部作品荣获“五个一”工程奖。

“五个一”工程奖应为“五个一工程”奖

11.加强科技攻关，煤间接液化成套技术实现国家科技进步一等奖“零的突破”……

进步一等奖应为进步奖一等奖

12.超聚变数字、致欧家居实现全省独角兽企业零突破。

零突破应为零的突破

13.发挥三大交易所服务基地作用，力争资本市场融资额突破400亿元，争取普惠性小微企业贷款余额750亿元。

普惠性应为普惠型

14.强化社会治安整体防控，常态化推进扫黑除恶斗争，

依法严惩群众反应强烈的各类违法犯罪活动，确保政治安全、社会安定、人民安宁。

群众反应强烈应为群众反映强烈

15.倍加珍惜政通人和的发展局面，戮力同心、勇毅前行，为全面建设社会主义现代化南昌而团结奋斗……

戮力应为勠力

16.中央环保督查反馈问题全部整改到位并落实长效机制。

中央环保督查应为中央环保督察

17.青年发展型城市、个人养老金先行城市、基础教育综合改革试验区等数十项国家级试点……

基础教育综合改革试验区应为基础教育综合改革实验区

18.全力扩大消费，开展“乐购历下”系列促销费活动30场，成功创建国家级信息消费体验中心。

促销费应为促消费

19.深入开展“八五普法”，提请市人大常委会审议地方性法规2件，办理行政复议案件45件……

“八五普法”应为“八五”普法

20.培育引进一批雏鹰企业、瞪羚企业、独角兽企业，打造更多单项冠军和“专精特新”小巨人企业。

“专精特新”小巨人应为专精特新“小巨人”

21.实施自贸试验区提升行动，稳步扩大规则、规制、管理、标准等制度型开放，深化相关领域集成改革创新，加强与RCEP、CPTPP、“一带一路”沿线国家和地区经贸规则对接，加快“一带一路”国家商事法律服务示范区建设。

国家商事法律服务示范区应为国际商事法律服务示范区

22. 申建国家绿色金融改革试验区，加快全国首个乡村振兴金融创新示范区试点建设。

绿色金融改革试验区应为绿色金融改革创新试验区

23. 支持国防和部队现代化建设是我们义不容辞的责任。

国防和部队现代化应为国防和军队现代化

24. 国家和市级考核劣五类断面全面消除，五大河流全部贯通入海。

劣五类应为劣Ⅴ类

25. 完成人工造林8千亩，新建提升农田林网3万亩。

8千应为8000

26. 健全“扫黑除恶”长效常治机制，依法严惩违法犯罪行为……

“扫黑除恶”应为扫黑除恶

27.《贵阳空间发展战略（2020–2035）》编制完成……

2020–2035应为2020—2035

28. 确保“两不愁三保障”、特别是饮水安全问题上半年全部解决……

、（顿号）应为，（逗号）

29. 坚定维护国家政治安全、制度安全、意识形态安全。

政治应为政权

30. 深化放管服改革，营商环境整体水平位列全国第一方阵。

放管服改革应为“放管服”改革

31. 各级政府都要把基层的事、群众的事、企业的事当成份内的事、必办的……

份内应为分内

32. “双随机一公开”监管覆盖率达75%。

“双随机一公开”应为“双随机、一公开”

33. 坚持政府常务会会前学法，全面落实重大行政决策程序制度，严格按照法定权限和程序行使权力、履行职责。

政府常务会应为政府常务会议

34. “扫黑除恶”专项斗争成效排名全国省会城市前列，被评为全国禁毒示范创建工作先进城市……

“扫黑除恶”专项斗争应为扫黑除恶专项斗争

两会报道规范用语备忘

01

全国人大常委会法制工作委员会不写作全国人大常委会法治工作委员会；全国人大宪法和法律委员会不写作全国人大宪法和法制委员会；全国政协社会和法制委员会不写作全国政协社会和法治委员会；健全社会主义法制已改为健全社会主义法治；依法治国不写作以法治国；打造市场化法治化国际化营商环境中的“法治”不写作“法制”；维护国家法治统一、尊严、权威中的“法治”不再写作“法制”。

02

全国人民代表大会是最高国家权力机关，参加行使国家权力中的“权力”不写作“权利”。

03

国家行政机关、审判机关、监察机关都由人民代表大会产生中的“监察机关”不写作“检察机关”。

04

中央生态环境保护督察组不写作中央生态环境保护督查组。国务院“互联网+督查”平台中的“督查”不写作“督察”。

05

成绩不斐应为成绩斐然。表示成绩好时，一般说成绩斐然。不写作成绩不菲、成绩不斐、成绩不蜚。

06

地名不要弄错。如：黄梁梦镇应为黄粱梦镇，息峰县应为息烽县，姊归县应为秭归县，睢宁县应为睢宁县。

07

慵懒散应为庸懒散。庸懒散、庸懒散拖、庸懒散浮拖、庸懒散慢拖、庸懒散奢等每字代表一层意思。但庸懒散慢和慵懒散漫都可以讲通。庸懒散慢是一个字一层意思，慵懒散漫则可以理解为慵懒和散漫的词组组合。

08

2005年3月14日，十届全国人大三次会议通过《反分裂国家法》。《反分裂国家法》不写作《反国家分裂法》。该法全称仅6个字，不能写作《中华人民共和国反分裂国家法》。

09

“三八”国际妇女劳动节应为“三八”国际劳动妇女节。

2023年妇女节前后的新闻报道中，应避免出现“学习《婚姻法》”等表述。《中华人民共和国民法典》自2021年1月1日起施行。《中华人民共和国婚姻法》同时废止。《中华人民共和国民法典》第五编为婚姻家庭编。媒体工作者写新闻稿件时要注意相关表述。

10

共商国是易错作共商国事。国事访问不写作国是访问。

11

第十四届全国人民代表大会不写作第十四届全国人民代表会议。中国人民政治协商会议不写作中国人民政治协商大会。

12

中国共产党领导的多党合作和政治协商制度，不能写为中国共产党领导下的多党合作和政治协商制度。

13

教育部、民政部、财政部、水利部、商务部、科技部、外交部等，无论是用全称还是用简称，前面都不应加“国家”二字。

14

换档提速应为换挡提速。提挡升级、提档升级表述都能讲通。

15

铸牢中华民族共同体中的“铸牢”不写作“筑牢”，筑牢国家安全人民防线中的“筑牢”不写作“铸牢”。

16

总揽全局、协调各方不写作统揽全局、协调各方。

17

坚持一个中国原则和“九二共识”的表述中，要注意一个中国原则不加引号，“和”前后的表述不能颠倒。

18

中央八项规定、四项基本原则、扫黑除恶等表述一般不需要加引号。

19

“十四五”规划、共建“一带一路”、纠治“四风”、“放管服”改革等表述中的引号不能丢掉。

20

我国社会主要矛盾是人民日益增长的美好生活需要和不平衡不充分的发展之间的矛盾中的“和”不写作“与”。

21

好高骛远、心无旁骛、不骛于虚声中的“骛”不写作“鹜”，趋之若鹜、落霞与孤鹜齐飞中的“鹜”不写作“骛”。

22

铆足干劲中的“铆”不写作“卯”，战斗堡垒中的“堡”不写作“保”，锲而不舍中的“锲”不写作“契”，矢志不渝中的“矢”不写作“失”，笃行不怠中的“怠”不写作“殆”。资源禀赋中的“禀”不写作“秉”，奋楫前行中的“楫”不写作“辑”。

23

新的社会阶层人士中的“的”字不要漏掉。新的社会阶层人士属统一战线工作范围。《中国共产党统一战线工作条例》中有11处关于“新的社会阶层人士”的表述。

24

关键核心技术一般不写作核心关键技术。

25

减税降费不写作减费降税。

26

国家乡村振兴重点帮扶县不写作国家乡村振兴帮扶重点县。

27

全面实施长江十年禁渔中的“渔”不写作“鱼”。渔水情深应为鱼水情深。

28

输入性通胀中的“胀”不写作“涨”。

29

留抵退税中的“抵”不写作“底”。

30

实施国家战略性新兴产业集群工程中、普惠性学前教育中的“性”不写作“型”。

31

推进成渝地区双城经济圈建设中的“双城经济圈”不用加引号。

32

18亿亩耕地红线中的“18亿亩”不写作“十八亿万亩”“十八亩”“十八忆亩”。

33

第三次全国土壤普查不写作全国第三次土壤普查。

34

完善终身学习体系中的“终身学习”不写作“终生学习”。

35

完善三孩生育政策配套措施中的“三孩生育政策”不写作“三胎政策”。

36

培育和践行社会主义核心价值观中的“核心”不要漏掉。

37

全面准确、坚定不移贯彻“一国两制”、“港人治港”、“澳人治澳”、高度自治的方针中的顿号不能去掉。

38

新域新质作战力量不写作新质新域作战力量。全军士官优秀人才奖不写作全军优秀士官人才奖。

39

向雷锋同志学习中的“雷锋”不写作“雷峰”。雷峰塔不写作雷锋塔。

40

细颗粒物（PM2.5）建议写作细颗粒物（$PM_{2.5}$）

细颗粒物平均浓度×ug/m3应为×μg/m^3。

41

人大常委会机关不写作人大机关。

42

易地搬迁不写作异地搬迁。异地就医结算不写作易地就医结算。

43

总体国家安全观不写作国家总体安全观。宗教极端势力不写作极端宗教势力。

44

第二个百年奋斗目标不写作第二个一百年奋斗目标、第二个百周年奋斗目标、第二个百年目标、第二个一百年目标、第二个百周年目标、第二个一百周年奋斗目标、第二个100年奋斗目标。

45

开展“学习强军思想、建功强军事业”教育实践活动中的顿号不写作逗号，“活动”二字不要漏掉。

46

建军一百年奋斗目标不写作建军百年奋斗目标、建军100百年奋斗目标、建军一百周年奋斗目标、建军100周年奋斗目标、建军百年目标、建军一百年目标。

47

农业供给侧结构性改革不写作农业结构性供给侧改革。

48

历史周期率、兴亡周期率不写作历史周期律、兴亡周期律。

49

“奋斗者”号不写作“奋斗者号”。“蛟龙”号不写作“蛟龙号”。“雪龙2”号不写作“雪龙二号”“雪龙2号”“雪龙二”号。“天问一号”不写作“天问一”号。

50

国家大数据综合试验区不写作国家大数据综合实验区。国家数字经济创新发展试验区不写作国家数字经济创新发展实验区。全国婚俗改革实验区不写作全国婚俗改革试验区。郑州航空港经济综合实验区不写作郑州航空港经济综合试验区。

最新！全国两会报道规范用语、常见差错提示手册来啦

本文首发于2022年3月3日

作者：编辑部

全国两会规范表述

1.××届全国人大×次会议，不能写为全国××届人大×次会议。

2.全国政协××届×次会议，不能写为××届全国政协×次会议。

代表、委员履职规范表述

1.全国人大代表出席会议，不能写为列席。

2.全国政协委员列席人大开幕式，不能写为出席。

3.全国人大代表履行职责，不能写为参政议政。

4.全国政协委员参政议政，也可写为履行职责。

5.代表、委员并用时，应写为参政议政。

6.人大代表提的“议案”，不能写为人大代表提的“提案”。

7.政协委员提的“提案”，不能写为政协委员提的“议案”。

8.人大代表的权利，不能写为人大代表的职权。

9.人大代表“审议政府工作报告”，不能写为人大代表“讨论政府工作报告”。

10.政协委员“讨论政府工作报告”，不能写为政协委员“审议政府工作报告”。

职务、机构、参会人员、会议规范表述

1.最高人民检察院检察长，不能写为最高人民检察院院长。

2.审计署审计长，不能写为审计署署长。

3.列席人员，不能写为列席代表。

4.非中共人士、党外人士，不能写为非党人士。

5.人大召开各类会，简称“大会”，不能写为“会议”。

6.政协召开各类会，简称“会议”，不能写为“大会”。

7.人民代表大会，简称“人大”，不能简写为“人代会”。

8.人民代表大会常务委员会，简称“人大常委会”，不能简写为“人大常委”。

9.人民代表大会代表，简称“人大代表”，不能写为“人

民代表”。

10. 人大常委会委员、人大常委会组成人员，不能写为常委会委员、人大常委。

11. 人大常委会会议，不能写为常委会议。

12. 人大常委会机关，不能简写为人大机关。

最易出错的字

1. 精简机构，不能写为精减机构。

2. 共商国是，不能写为共商国事。

3. 疫情暴发，不能写为疫情爆发。

4. 疫情防控阻击战，不能写为疫情防控狙击战。

5. 擘画蓝图，不能写为擎画蓝图。

6. 收入翻一番，不能写为收入翻一翻。

7. 监察机关，不能写为监查机关。

8. 检察机关，不能写为检查机关。

9. 人大代表行使权力，不能写为人大代表行使权利。

10. 公民享有权利，不能写为公民享有权力。

11. 工商联界别委员，不能写作工商联届别委员。

12. 建设社会主义法治国家，不能写作建设社会主义法制国家。

13. 铆足干劲，不能写作卯足干劲。

14. 环保督察，不能写作环保督查。

15. 再接再厉，不能写为再接再励。

16. 经济换挡提速，不能写作经济换档提速。

17. 山清水秀，不能写作山青水秀。

18. 易地扶贫搬迁，不能写作异地扶贫搬迁。

19. 防患于未然，不能写作防范于未然。

20. 敲黑板，划重点中的“划重点”，不能写作“画重点”。

不能加字、减字、颠倒顺序

1. 中国共产党领导的多党合作和政治协商制度，不能写为中国共产党领导下的多党合作和政治协商制度。政治名词的提法不可添字、漏字。

2. 开启全面建设社会主义现代化国家新征程，不能写为全面开启建设社会主义现代化国家新征程。

3. 国家机关行使权力，不能写为行使国家机关权力。

4. 党史学习教育，不写作党史学习教育活动（注意：不加“活动”二字）。

5. 突破10亿元大关，不能写为突破10亿大关，计量单位不能掉。

6. 零的突破，不能写为零突破（零的突破是指从无到有，零突破的意思是没有突破）。

7. 《全国人民代表大会关于完善香港特别行政区选举制度的决定》，不要简写为《全国人大关于完善香港特别行政区选举制度的决定》。

8. 农业供给侧结构性改革，不写作农业结构性供给侧改革。

标点符号使用错误

1.两会一词因被大家熟知，目前一般不用双引号，不写作“两会”。

2.《政府工作报告》表述需加书名号，不写作“政府工作报告”。

3.“不忘初心、牢记使命”不写作“不忘初心，牢记使命”。

4.增强“四个意识”、坚定“四个自信”、做到“两个维护”，不要写作增强“四个意识”，坚定“四个自信”，做到“两个维护”，逗号一般应改为顿号。

5.“三农”须加引号。如“三农”工作、解决好“三农”问题。

6.全面推进乡村振兴加快农业农村现代化，乡村振兴不加双引号。

7.中央八项规定精神的表述，不需要加双引号或书名号等标点符号。

8.十四五应加双引号，写作“十四五”。

9.“3.15”消费者权益日应为“3·15”消费者权益日。

10.制定黄河保护法而非制定《黄河保护法》，未正式颁布的法律不加书名号。

其他不规范、错误表述

1.“新冠肺炎疫情”，写作“新冠疫情”表述不规范。

2.“四个全面”战略布局，不能写为“四个全面”战略部署。十九届五中全会公报关于“四个全面”的最新表述为：全面建设社会主义现代化国家、全面深化改革、全面依法治国、全面从严治党”。

3.“一带一路”倡议，不能写为“一带一路”战略。

4.我国社会主要矛盾已经转化为人民日益增长的美好生活需要和不平衡不充分的发展之间的矛盾。注意：“我国社会主要矛盾”不要写作“我国社会主义矛盾”，“和”不能写作“与”。

5.《反分裂国家法》全称仅有6个字，不写作《中华人民共和国反分裂国家法》。

6.国内生产总值，不能写为国民生产总值，前者英文简称为“GDP”，后者为“GNP”。

7.实现巩固拓展脱贫攻坚成果同乡村振兴有效衔接，不写作实现巩固脱贫攻坚成果同乡村振兴有效衔接。

8.《全国人民代表大会关于完善香港特别行政区选举制度的决定》不要写为《全国人民代表大会有关完善香港特别行政区选举制度的决定》。

9.我国是世界第二大经济体，一般不写作全球第二大经济体。

常见职务名称表述

1.党政职务表述的三个原则

一是新闻报道中职务名称一般采用“单位+姓名”的表

述方式，注意正确使用职务名称，具体以任命通知为准。涉及原任职务时，“原”字的用法需特别注意。具体分为以下三种情况：

表达原任职务时，“原”字通常加在单位和职务之间。

如：汉东省公安厅原厅长

因撤销、合并等原因已经不存在或更名的单位，“原”字应加在原单位名称（简称）之前。

如：原文化部部长。

对于单位总体未更名但下属单位（含内设机构、派出机构等）已经不存在或更名的情形，“原”字加在该下属单位之前。

如：汉东省检察院原反贪局局长。

二是同时担任多个职务时，职务级别高的在前、职务级别低的在后，“先高后低”；职务级别相同时，一般将党内职务放在行政职务之前。同时担任多个职务时，“兼”字不可随意使用，具体以任命通知为准。

三是学衔、军衔用法遵循相关规定。

学衔表述中，博士可以单独使用、不衔接职务，如钱学森博士、钱三强博士。硕士及以下学衔不可以单独使用，需与其他职务搭配。军衔表述遵循《中国人民解放军军官服役条例》中的规定。

党政职务名称使用：关于省长、省委书记的规范表述为××省省长、××省委书记。

“江苏省省长”全称为“江苏省人民政府省长”。该职务由“江苏省”“人民政府”“省长”三部分组成，“江苏省”“省长”不能简写，“人民政府”可简称为“政府”，简称连起来即为“江苏省政府省长”，通常可继续简化为“江苏省省长”。

“湖北省委书记”全称为“中国共产党湖北省委员会书记”。该职务名称由“中国共产党”“湖北省”“委员会”“书记”四部分组成，“中国共产党”简称为“中共”，“湖北省”无法更简，“委员会”简称为“委”，“书记”无法再简，连起来简称即为“中共湖北省委书记”，通常可继续简化为“湖北省委书记”。当地省委机关或当地媒体在表述时，一般直接写作“省委书记”。

表述党委工作部门时不能省略“委”字：

规范表述为：××区委政法委书记、××省委组织部、××市委宣传部。

划重点：省委、市（直辖市、地级市、县级市）委、地委、州委、盟委、县委、旗委、区（市辖区）委都是规范简称，单独使用时通常不写为“省党委”“市党委”“县党委”等。

多个职务的表述方法：并列出现的职务单位不同，单位名不可省略。规范表述案例：××省委常委、省政府副省长。

省委常委是党内职务，副省长是省政府的行政职务，两个职务单位不同，正式场合“省政府”不能省略，一般场合不建议省略。

并列职务，单位相同，单位名称第二次出现时可以省略。规范表述案例：××市委常委、秘书长。在不造成误解的前提下，表达应尽量简洁，故推荐写为“××市委常委、秘书长”。

市委常委、组织部部长，市政府党组成员、秘书长、办公室党组书记写法同上。

乡（镇）党委和单字县名的用法：

乡（镇）党委是党的基层委员会，不同于省市县等党的地方委员会，不能简称为“乡（镇）委”，规范用法是：乡（镇）党委书记。

如果县名为一个字，例如“中县”，通常写为中县县委，不写为“中县委”（注意：县政府、县纪委等仍写为中县政府、中县纪委）。如果县名为两个字以上时，写为××县委。

注意各类党委（党组）有关名称：

党的地方委员会（如省委、市委、县委）是独立单位。但是，机关、人民团体等单位的党组、党委（党组性质的党委），以及企业、学校等单位的党委（党的基层委员会）、党总支、党支部一般不视为独立单位。故通常写为某单位原党组书记、某单位原党委书记。

此外，还有一些常见职务规范写法，部分职务和单位不得省略和简写：

“××省人大主任”为错误表述，应为“××省人大常委会主任”，“常委会”不得省略。

“××市人大常委”为错误表述，应为“××市人大常委会委员”，人民代表大会常务委员会委员通常不简称为“人大常委”。

“全国人大常委会主任、乡（镇）人大常委会主任”为错误表述，应为“全国人大常委会委员长、乡（镇）人大主席”，乡镇人大不设常委会。

“审计署署长”“检察院院长”“自治区区长”均为错误表述，应为“审计署审计长”“检察院检察长”“自治区（人民政府）主席”。

“××省团委书记”“省团委书记”均为错误用法。全称为“中国共产主义青年团××省委员会书记”，可简称为“共青团××省委书记”“团××省委书记”，省略省名“××”时可简称为“团省委书记”。

2. 国旗、国徽、政协会徽的规范使用

国旗、国徽的标准版本，请到中国人大网下载。

精选留言

李磊：

关于政府工作报告是否加书名号的问题，要分两种情况：①开幕时作的政府工作报告还待讨论，没有全文正式发表，所以不加书名号。②大会闭幕会上正式通过后，再提政府工作报告则必须加书名号。大家注意哦~

全国两会报道，人民日报资深校检给媒体人提个醒儿！

本文首发于2020年5月8日

作者：卢玉华

全国两会报道中有哪些地方需要注意？又该如何提高编校质量？

传媒茶话会特别邀请人民日报社总编室校检室原主任卢玉华给大伙儿提个醒儿。

统一规范用语

《中华人民共和国国家通用语言文字法》中规定：信息处理和信息技术产品中使用的国家通用语言文字应当符合国家的规范和标准。在新闻宣传报道中，尤其是两会期间，固定的词语必须统一规范使用。下面，重提几个两会中常用的规范用语，以此再次提醒编校人员。

两会：中华人民共和国全国人民代表大会、中国人民政治协商会议。

两个会议名称：中华人民共和国第××届全国人民代表大会第×次会议（简称：第××届全国人民代表大会第×次会议）、中国人民政治协商会议第××届全国委员会第××次会议（简称：政协第××届全国委员会第××次会议），还有第××届全国人民代表大会常务委员会第××次会议、政协第××届全国委员会常务委员会第×次会议。

全国人大常委会副委员长、省人大常委会主任，不能简称全国人大副委员长、省人大主任。

代表、委员前不能加“普通”“基层”的称谓。

“中国共产党领导的多党合作和政治协商制度”，不能表述为“中国共产党领导下的多党合作和政治协商制度”。

全国人大代表提的是“议案”，全国政协委员提的是“提案”。

全国人大代表“审议政府工作报告”，全国政协委员“讨论政府工作报告”。也可并称：“代表委员审议、讨论政府工作报告”。

涉及人大代表时，使用“履行职责”或“行使权力”；涉及政协委员时，使用“参政议政”。

最高人民检察院检察长，不能错成“最高人民检察院院长”；审计署审计长，不能错成“审计署署长”。

……

虽然上述内容年年提，但毕竟每年媒体队伍都有新鲜血液补充，所以还是要求每名编辑和校检人员牢记于心，从思想上重视，行动中立竿见影，高质量完成好校检任务。

确保事实无误

首先，提高政治站位。凡在文章中出现国家领导人讲话的引语及其他古诗文、名人引言不能出错。对稿件中涉及的时间、地点、人物、事件等要认真核实。

所有代表、委员名字及头衔须查实，文章开头要标明省（自治区、直辖市）全称，文后可用简称；有些常用引文要熟记，要求大家做工作中的有心人。

如“不忘初心、牢记使命”主题教育，“不忘初心”后面是顿号，而不是逗号；“守初心、担使命，找差距、抓落实”的总要求，“担使命”后面用逗号，而不是顿号。

不要轻视标点符号及数字用法，有时一个错字，或是一个标点，也许这句话所表达的意思就正好相反，有些惨痛的教训我都亲身经历、亲眼目睹过。因此，必须高度重视标点符号及数字用法。

另外，“理论学习有收获、思想政治受洗礼、干事创业敢担当、为民服务解难题、清正廉洁作表率”具体目标常出现在文章中，五条缺一不可！

我曾看过一些报纸杂志，至今还会出现一些问题，这就要求我们的编校人员不仅要有强烈的使命感，还要有一丝不苟的责任心，时刻绷紧政治这根弦。

其次，严守规章制度。各报都有自己的版式规范，几乎是过一段就修改一次，重要的是抓落实。编辑和校检都要在这方面下功夫，专心谋划。不管版面怎样创新，校检工作的基本要求不能变；任务再多再重，校检的程序不能减，重要稿件有时还须加校次。因为我们的笔下担负着正确宣传党的路线、方针、政策的重任，我们要对人民对读者对自己负责。

要记住创新不是眼花缭乱，创新是让版面更生动地呈现鲜活的人物，展示代表、委员履职尽责的能力，创新要彰显中国风采！

最后，凝心聚力保质量。班组同志间的团结一致是高质量完成校检任务的根本保证。尤其两会期间，个别稿件到位晚，拼特刊版的同志每年又稍有变动，开始几天显得有点乱，但此时校检人员心要稳，要踏实，不要因时间紧任务重而乱了方寸，相互配合这时显得尤为重要。

比如，有的同志拿到的稿子涉及事实的部分比较少，那么他就可以帮助那些需要查事实的地方比较多的同事，类似这样伸出援手的表现在人民日报社总编室校检室一直延续。

这时的工作不要计较分内分外，协调员（当班领导）、核大样和校小样的同志三方配合要默契，有问题大家一起商量，解决不了的问题与版面编辑沟通，切记不可擅自更改语句中的原意！在这些有条不紊的工作细节中，实际上也是我们堵错的过程。

校检人员"十读"

2019年底，国家新闻出版署下发通知，就开展出版单位"三审三校"制度执行情况专项检查作出说明，党中央、国务院及其相关部门多年来对出版物的质量问题一直抓得很紧，相继建立了一整套出版质量方面的法律法规体系，从顶层设计对出版物质量提出了更严格的要求。

因此，工作中切不可将"三审三校"制度流于形式，尤其对校检这一环节绝对不能抱有侥幸心理，重要文章该加校次时就要不厌其烦地认真重校，严格按照本单位校检工作基本要求踏踏实实、仔仔细细去做，就一定会将差错消灭在出版之前。

我觉得完成一块版面校检人员一定要做到"十读"：

一读报眉版序及日期；

二读主题肩题插题与文要相符；

三读舆论导向、大政方针莫偏离；

四读字词语句逻辑要合拍；

五读图文并茂要搭界；

六读版式格式字体字号要规范；

七读重要引文须准确无误；

八读人名、地名、时间、事件……须查实；

九读规范用语要牢记；

十读查重稿时莫忘借助校对软件去扫描。

总之，希望媒体同人在两会宣传报道中携起手来，牢固树立质量第一意识，重视质量、创造质量、提高质量、享受质量，多出精品。

精选留言

木易楊：

点赞，收藏，学习！我们就是要学习《人民日报》这样持之以恒、认认真真、一丝不苟、不厌其烦地做学问、做业务的精神！标杆，致敬。

收好！全国两会新闻报道编校实务手册

本文首发于2021年2月25日

作者：张凤强 谢瑞

地方两会政府工作报告常见差错梳理[①]

1.推进董必武纪念馆改造，支持陈谭秋故居扩建升级。

【说明】“谭”应为“潭”。在全党开展党史学习教育，是党的政治生活中的一件大事。陈潭秋是中国无产阶级革命家、中国共产党创始人之一，是党史学习教育中应熟知的人物，某地政府工作报告将其名字写错，实在不应该。

2.海关特殊监管区实现零突破，建成19个国际营销网点

① 本部分例句选自2021年地方两会政府工作报告，未作任何改动。

和13个综合性进口商品直销平台……

【说明】例句中，“零突破”的表述不妥，“零突破”就是没有突破，应为零的突破。2021年地方两会政府工作报告中还有十几例关于“零突破”错用的情况。

3.三大区域是全省“一盘棋”，要坚持在差异定位、联动互补、特色致胜中形成协调发展的新局面。

【说明】“致”应为“制”。

4.优化民营经济发展环境，破除制约民营企业发展的各种隐形壁垒，帮助中小微企业解决融资难、融资贵问题。

【说明】“形”应为“性”。

5.在全区上下的共同努力下，GDP提前一年跨过千亿大关。

移动互联网产业营业收入增长22%，高新技术产业增加值接近万亿……

【说明】“亿”后缺失单位，应加“元”。

6.严格规范管理隔离场所，严防医疗机构交叉传染，加强农贸市场、商场超市、娱乐场所和交通场站等重点场所疫情防控。

【说明】“传染”应为“感染”。

7.发挥科教优势，深入实施创新驱动战略，构筑振兴发展强大动力。

【说明】“战略”前应加“发展”两字。

8.在市委的坚强领导下，戮力同心、真抓实干、只争朝夕、接续奋斗……

【说明】“戮”应为“勠”。

9. 扎实开展“不忘初心，牢记使命”主题教育……

【说明】逗号应改为顿号。固定提法不能有任何改动。

10. 新建500KV变电站1座、100KV变电站5座、35KV以上输变电线路130公里。

【说明】“K”应为小写“k”。

11. 电视剧《最美的青春》、话剧《塞罕长歌》获国家“五个一工程奖”。

歌剧《沂蒙山》、柳琴戏《沂蒙情》荣获“五个一”工程奖。

【说明】“五个一工程奖”、“五个一”工程奖的引号位置都不对，应为“五个一工程”奖。

12. 探索“招一个产业、成立一支基金”模式，打造我市基金招商名片。

【说明】“支”应为“只”。

13. 公共服务设施欠帐较多，生态环境保护用力不均。

【说明】“帐”应为“账”。

14. 城市更新行动加快布局，水、电、气、热、通讯、交通等公共设施服务能力整体提升……

【说明】“通讯”应为“通信”。

15. 要科学把握“构建新发展格局”的战略决择……

【说明】“决择”应为“抉择”。

16. 20户企业列入国家工信部专精特新“小巨人”企业公

示名单。

【说明】去掉“国家”二字。

17.常态化创建国家文明城市和全国卫生城市……

【说明】“国家文明城市”应为“全国文明城市”，“全国卫生城市”改为“国家卫生城市”。

中国文明网相关表述：

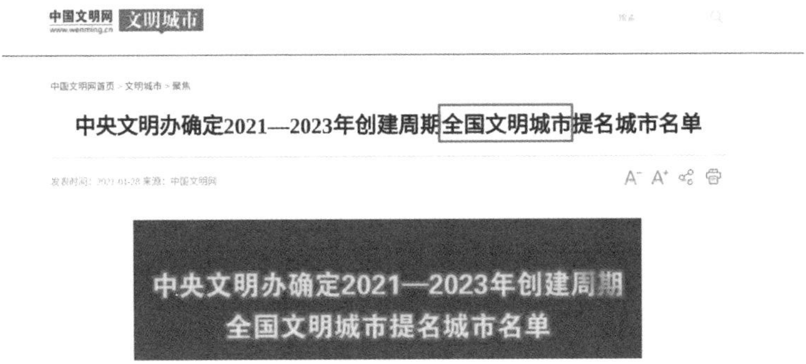

中国文明网 www.wenming.cn 文明城市

中国文明网首页 > 文明城市 > 聚焦

中央文明办确定2021—2023年创建周期全国文明城市提名城市名单

发布时间：2021-01-28 来源：中国文明网

中央文明办确定2021—2023年创建周期
全国文明城市提名城市名单

中国政府网相关表述：

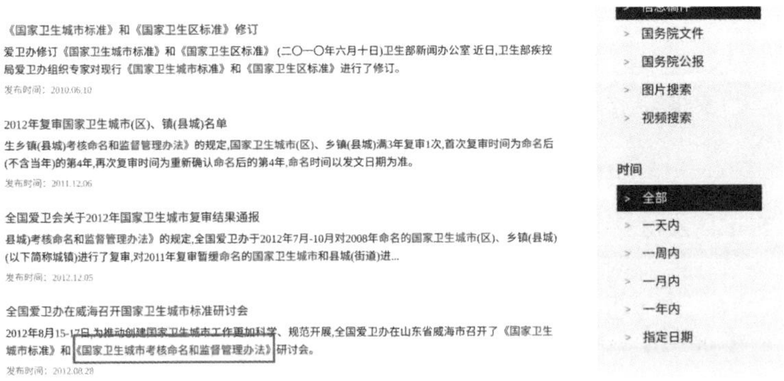

《国家卫生城市标准》和《国家卫生区标准》修订

爱卫办修订《国家卫生城市标准》和《国家卫生区标准》（二〇一〇年六月十日）卫生部新闻办公室 近日，卫生部疾控局爱卫办组织专家对现行《国家卫生城市标准》和《国家卫生区标准》进行了修订。

发布时间：2010.06.10

2012年复审国家卫生城市(区)、镇(县城)名单

生乡镇(县城)考核命名和监督管理办法》的规定，国家卫生城市(区)、乡镇(县城)满3年复审1次，首次复审时间为命名后(不含当年)的第4年，再次复审时间为重新确认命名后的第4年，命名时间以发文日期为准。

发布时间：2011.12.06

全国爱卫会关于2012年国家卫生城市复审结果通报

县城)考核命名和监督管理办法》的规定，全国爱卫办于2012年7月-10月对2008年命名的国家卫生城市(区)、乡镇(县城)(以下简称城镇)进行了复审，对2011年复审暂缓命名的国家卫生城市和县城(街道)进...

发布时间：2012.12.05

全国爱卫办在威海召开国家卫生城市标准研讨会

2012年8月15-17日，为推动创建国家卫生城市工作更加科学、规范开展，全国爱卫办在山东省威海市召开了《国家卫生城市标准》和《国家卫生城市考核命名和监督管理办法》研讨会。

发布时间：2012.08.28

国务院文件
国务院公报
图片搜索
视频搜索

时间
全部
一天内
一周内
一月内
一年内
指定日期

全国两会新闻报道易犯差错提醒

18.农业供给侧结构性改革不写作“农业结构性供给侧改革”。

19.“三农”须加引号。如“三农”工作、解决好“三农”问题。

20.“贫困户”不要写作“贫苦户”，“幸福感”不要写作“辛福感”。

21.同一篇文章里，“两不愁、三保障”“两不愁三保障”的写法应统一，我们建议统一写作“两不愁三保障”。

22.全面推进乡村振兴加快农业农村现代化，乡村振兴不加引号，农业农村现代化不能写作农村农业现代化。

23.实现巩固拓展脱贫攻坚成果同乡村振兴有效衔接不写作“实现巩固脱贫攻坚成果同乡村振兴有效衔接”。另外，也要注意“持续巩固拓展脱贫攻坚成果”“接续推进脱贫地区乡村振兴”这两个表述。

24.国务院扶贫开发领导小组办公室，简称“国务院扶贫办”，整建制重组为国家乡村振兴局。2021年2月25日16时，北京市朝阳区太阳宫北街1号，国家乡村振兴局牌子正式挂出。“国务院扶贫开发领导小组办公室”牌子此前已经摘下。

25.当前，我国党员的数量为9100多万名，注意这个数字。

26.当前开展的党史学习教育不写作“党史学习教育活动”。注意：不加“活动”二字。

27.我国社会主要矛盾已经转化为人民日益增长的美好生

活需要和不平衡不充分的发展之间的矛盾。注意：“我国社会主要矛盾”不要写作“我国社会主义矛盾”。

28. 自由贸易试验区不写作自由贸易实验区。但要注意，不是所有的表述都要把实验区改为试验区。如平潭综合实验区、郑州航空港经济综合实验区等表述中的“实验区”就是规范的。

29. 工商联界别委员不要写作“工商联届别委员”。

30. 世界正经历百年未有之大变局不要写作“世界正面临百年未有之大变局”。

31. 历史周期率不写作“历史周期律”。

32. 增强“四个意识”，坚定“四个自信”，做到“两个维护”……逗号一般应改为顿号。

33. 农业农村部不写作“农村农业部”“农业与农村部”。关于国务院相关部门的称呼及简称要注意，有的加“国家”，有的不加“国家”。另外，要注意“与”跟“和”的区别。

34. “海清河晏”的表述不妥，应改为“河清海晏”或“海晏河清”。

35. “阴奉阳违”的表述不妥，应改为“阳奉阴违”。

36. 交纳特殊党费不写作“缴纳特殊党费”。

37. “法律委员会”已更名为“宪法和法律委员会”，注意这个变化。

38. 这个表述是不对的：中国共产党领导下的多党合作和政治协商制度。

应该去掉“下”字。

39.《反分裂国家法》全称仅有6个字，不能写作《中华人民共和国反分裂国家法》。

40.全军士官优秀人才奖不写作全军优秀士官人才奖。

41.孺子牛不写作“儒子牛”，领头雁不写作“领头燕”。

42.斐然的成绩不要写作“不斐的成绩”。

43.省级行政单位的排序一般写作“省、自治区、直辖市”或“省区市”等。

44.中央全面依法治国委员会不写作“中央全面以法治国委员会”。

45.建设社会主义法治国家不写作“建设社会主义法制国家”。

46.狠刹“四风”不写作狠杀“四风”。

47.“庸懒散”不写作“慵懒散”。注意：“庸懒散慢”和“慵懒散漫”都可以讲通。庸懒散慢是一个字一层意思，慵懒散漫则可以理解为慵懒和散漫的词组组合。

48.全国两会期间，注意一个节日（妇女节）的表述。《新时代爱国主义教育实施纲要》中的写法是“三八”国际妇女节。下面的几种表述都可以：妇女节、三八妇女节、“三八”妇女节、国际妇女节、“三八”国际妇女节、“三八”国际劳动妇女节等。

关注一个表述：纪念“三八”国际妇女节中外妇女招待会。

注意：不要写作“三八”国际妇女劳动节。

49.中央八项规定精神的表述。不需要加引号或书名号等标点符号。

50. 注意几个表述：

“城乡结合部”与“城乡接合部”。长期以来，这两个表述都是共存的。有专家认为“城乡接合部”规范。我们认为，这两种写法都可以。我们更倾向“城乡结合部”。

“靓丽名片”与“亮丽名片”。有专家认为“亮丽名片”规范。我们认为，两种写法都可以。

精选留言

是真的吗？：

规范才能准确，才能杜绝歧义理解。这不单单是纯粹的“咬文嚼字”，而是对汉字、汉语最起码的尊重。

全国两会怎么报道？10条“避雷”小建议请收好！

本文首发于2020年5月19日

作者：叶莉

遵守报道要求，保持高度的政治意识

记者报道全国两会必须要增强“四个意识”、坚定“四个自信”、做到“两个维护”，确保新闻报道遵循正确的政治方向。

要着重围绕习近平总书记和中央领导同志与代表委员共商国是，下团组与代表委员讨论等重大议程进行采访报道，集中跟进总书记重要讲话在代表委员中形成的反响，报道要结合代表委员各自的工作背景谈具体落实措施。

准确把握政治常识，特别是对新时代中国特色社会主义民主政治建设的重要成就要有全面把握，避免出现政治性差错。

习近平新时代中国特色社会主义思想等表述要准确。

要对我国的人民代表大会制度、人民政协制度有全面把握，对其历史由来和演进有了解，认识清楚各自的性质、组成、会议组织形式，了解代表委员各自的职责权利义务，两会期间代表委员履职方式、主要工作内容等。

人民代表大会是权力机关，人民代表大会制度是中国人民民主专政的政权组织形式，是我国的根本政治制度；人民政协是统一战线组织，中国人民政治协商会议是中国共产党领导的多党合作和政治协商的重要机构，是中国政治生活中发扬社会主义民主的一种重要形式。

人大代表是通过选举产生的，政协委员是以协商推荐的方式产生的。

代表团或者30名以上的代表可以联名提出“议案”，“议案”一经通过，就具有法律效力，而一位人大代表提出的是建议；全国政协委员提出的是“提案”，提案是民主监督的一种形式，没有法律约束力。

提前联系，认真准备

由于常态化疫情防控的要求，近年来全国两会，会议过程都采取了全程封闭式管理，面采变“云”采。因此，在选取报道对象方面，需注意：

会前，记者需要掌握代表委员的联系方式及相关资料，与大会的新闻中心和各个代表团的相关工作人员保持联系，并通过大会的新闻中心提前与被采访对象做好问题沟通，提前准备好视频或书面采访的提纲，尊重代表委员的个人意愿，做到问者、答者互相了解。

视频采访时，要提前调试连线采访设备，确保采访顺畅，而记者也要注意自己的着装和形象是否得体。

审慎选择采访对象

以“让专业的人回答专业的问题”为原则，避免因一味追求点击率、阅读量而选错采访对象，出现答非所问等影响新闻产品质量的问题。

科学领域的问题，尽量选择代表委员中的科学家和科技工作者进行回答；经济领域的问题，要请代表委员中的经济学家作答；疫情防控方面的问题，要选择代表委员中相应的医学专家进行解答。

报道中涉及代表委员的姓名、职务一定要核对准确，尤其是同名同姓的代表委员，若使用照片，代表委员的姓名和照片要对应，不能有误。

聚焦重大选题

全国两会报道要时刻关注大会重点任务，聚焦疫情防控、决胜全面建成小康社会、决战脱贫攻坚等重大选题。

要十分关注全国两会的两场新闻发布会，特别是疫情防控方面，对新冠肺炎疫情的报道一定要注意准确性，要紧跟当前疫情防控的中央精神，与党中央对疫情的研判分析和决策相一致，在对公共卫生体系建设、社会治理能力的报道上要注意建设性、可行性。

中共中央政治局2020年5月15日召开的会议中提到："新冠肺炎疫情发生后，党中央将疫情防控作为头等大事来抓，习近平总书记亲自指挥、亲自部署，坚持把人民生命安全和身体健康放在第一位，领导全党全军全国各族人民打好疫情防控的人民战争、总体战、阻击战。经过艰苦卓绝的努力，武汉保卫战、湖北保卫战取得决定性成果，疫情防控阻击战取得重大战略成果，统筹推进疫情防控和经济社会发展工作取得积极成效。"

在全国两会期间对中国特色社会主义政治制度的优越性也要有侧重地加强报道。

均衡报道各领域

要均衡报道各领域、各地区代表委员，尤其是来自基层的代表委员。不宜对代表委员的个人事务和工作成绩进行过多报道。

不炒作雷人雷语、明星代表委员

记者在报道时，尽量不要炒作雷人雷语、不要过多关注代表委员的明星身份。

2015年全国两会期间，"银行是弱势群体""财政的钱花不完向纳税人无法交代”等，不仅令人发笑，也容易引发负面舆情。

谨慎对待敏感、争议话题

报道不要过度解读疫情对经济社会发展，特别是对GDP带来的不利影响，更多按照“六稳”“六保”（“六稳”：稳就业、稳金融、稳外贸、稳外资、稳投资、稳预期；“六保”：保居民就业、保基本民生、保市场主体、保粮食能源安全、保产业链供应链稳定、保基层运转任务）的要求，并关注“六新”（“六新”：新基建、新技术、新材料、新装备、新产品、新业态），探讨“化危为机”的机遇和方法，共同出谋划策，确保实现全年经济社会发展目标，实现全面建成小康社会目标任务。

涉及意识形态领域、涉疆涉藏、涉及民族宗教事务、涉台港澳事务以及重大外交问题，一定要找对上述问题有深入研究、有解释权的权威代表委员提问。

要避免理由不充足、证据不充分的单纯批评和挖掘，且不宜对国内、国外疫情防控工作作简单对比。

报道要紧扣会议议程中的话题

要紧扣会议议程的话题进行报道。

不宜就党政公职人员相关任免、提升、处分等个案进行单独报道或渲染报道，准确按照大会的官方表述报道即可。

不宜就某司法案件组织报道或讨论，避免“新闻审判”。

不宜就某市场主体的经营运营、资产运转等相关情况进行单独采访报道。

不宜过度根据网络舆情热点选择报道角度，特别是在网络上观点分歧较大、意见冲突较为激烈的事件。

遵守纪律，注重把控舆情

舆情把控方面，新闻记者要着重学习人大、政协相关理论知识，增强国家安全意识，特别要注重涉及意识形态领域、涉疆涉藏、涉及民族宗教事务、涉台港澳事务以及重大外交问题的舆论把控，一定要找对上述问题有深入研究、有解释权的权威代表委员提问。

标题方面，不要为了片面追求新闻性把不该突出和体现的内容呈现出来，引发负面舆情。

严格执行新闻采编发流程

要严格执行新闻采编发流程，吸取往年两会报道中的经验教训。

要把好时度效，密切保持与编辑部的联系，把大会中的新情况及时反馈至编辑部。

多与后方编辑和把关领导沟通，尤其注意新媒体传播问题，避免“标题党”导致言不及义或出现歧义，引发负面舆情。

国内媒体在编发外媒对全国两会的报道和评论时，一定要选择权威媒体。

第三辑

常见字词标点差错解析

别再乱用！ 40例媒体常见易错标点全解析！

本文首发于2018年10月26日

作者：张凤强

标点符号是书面语言必不可少的组成部分，有人曾形象地将其比作“书面的眉眼”“笔端的舌头”。“标点之于言文有同等的重要，甚至有时还在其上”，其重要性不言而喻。

“标点的乱用，有时比没有标点还要坏事。”时下，媒体差错中常见标点符号的误用，看似无所谓，实则关系着语言文字表达的严肃性、准确性和形象性。

规范使用标点是为文者必须具备的一项基本功。因此，我们梳理、总结了媒体和公文中常见的标点符号使用差错，写成了《别再乱用！ 40例媒体常见易错标点全解析！》一文，与读者分享。由于水平有限，有些解析可能会存在争议，欢迎大家批评指正。

领属关系不用顿号

从最开始的东南沿海城市，到现在内陆地区的新疆乌鲁木齐、青海西宁，服务范围已覆盖全国31个省区市、363座城市近12万所学校的4000多万名学生。

从最开始的东南沿海城市，到现在内陆地区的新疆乌鲁木齐、青海西宁，服务范围已覆盖全国31个省区市363座城市近12万所学校的4000多万名学生。

• 存在领属关系时，词语之间不用顿号。“31个省区市”与“363座城市”“近12万所学校”“4000多万名学生”存在领属关系，因此例句中第二个顿号应当去掉。此类错用常发生在与数字有关的句子中。类似的错例还有：

第十八届亚洲运动会于2日晚在印度尼西亚雅加达落幕。来自亚洲45个国家和地区的1.13万名运动员参加了本届亚运会40个大项、465个小项的角逐。

第十八届亚洲运动会于2日晚在印度尼西亚雅加达落幕。来自亚洲45个国家和地区的1.13万名运动员，参加了本届亚运会40个大项465个小项的角逐。

• 注意：上例句子有点长，可在“运动员”后加一个逗号。

句内括号没有紧接在被注释词语后

我读了《念青唐古拉山脉纪行》一文（以下简称《念》），收获很大。

• 例子出自《标点符号用法》。然而，这个例句出现了错误，与《标点符号用法》中“括号用法补充规则”发生冲突，自相矛盾。

括号用法补充规则：句内括号用于注释句子里的某些词语，即本身就是句子的一部分，应紧跟在被注释的词语之后。

因此，括注应紧跟在作品名《念青唐古拉山脉纪行》之后。

我读了《念青唐古拉山脉纪行》（以下简称《念》）一文，收获很大。

标引号的并列成分间可加顿号吗？

坚定不移“打虎”、“拍蝇”、“猎狐”，不敢腐的目标初步实现……

• 例子出自党的十九大报告。在《现代汉语词典》等工具书中、在庄重的讲话稿中，标引号的并列成分之间经常使用顿号。

有人说，按照规定应该不加顿号。其实，这是一个误区。即使按照《标点符号用法》中“标有引号的并列成分之间、标有书名号的并列成分之间通常不用顿号”的规定，也不一定非得去掉顿号。注意其中的“通常”。当然，在一种出版物中应保持统一，要么都不加，要么都加。

需要注意：

并列成分中，有的并列项用引号，有的没引号，那么整个并列关系当加顿号。经典的例子就是党的十九大报告里的一句话：

保持香港、澳门长期繁荣稳定，必须全面准确贯彻“一国两制”、“港人治港”、“澳人治澳”、高度自治的方针。

并列成分中如果有“和”“与”“及”“以及”等连词，那么整个并列关系也应加顿号。例如：

我们一定要回答好“是什么”“为什么”“干什么”“怎么干”等问题。

上面的句子不加顿号没问题，但是下面的句子出现了“和”，就应该在并列关系中加顿号。

我们一定要回答好“是什么”、“为什么”、“干什么”和“怎么干”等问题。

中间有分号，前面可用逗号统领吗？

•《标点符号用法》：用分号隔开的几个并列分句不能由逗号统领或总结。

在这句话后，列出了一误一正两个例子。

动物吃植物的方式多种多样，有的是把整个植物吃掉，如原生动物；有的是把植物的大部分吃掉，如鼠类；有的是吃掉植物的要害部位，如鸟类吃掉植物的嫩芽。

动物吃植物的方式多种多样：有的是把整个植物吃掉，如原生动物；有的是把植物的大部分吃掉，如鼠类；有的是吃掉植物的要害部位，如鸟类吃掉植物的嫩芽。

改成冒号很好理解，但是按照“用分号隔开的几个并列分句不能由逗号统领或总结”的解释去看《标点符号用法》里的另一个例子，就让人有些纠结了。例子如下：

■ 语言文字的学习，就理解方面说，是得到一种知识；就运用方面说，是养成一种习惯。

难道是互相矛盾？我们该如何看待这个问题？

其实，类似上例以逗号统领的例子在实际语用中很多，已是约定俗成的用法，具有坚实的语言实践基础。

我们不妨看看党的十九大报告：

中国特色社会主义进入新时代，意味着近代以来久经磨难的中华民族迎来了从站起来、富起来到强起来的伟大飞跃，迎来了实现中华民族伟大复兴的光明前景；意味着科学社会主义在二十一世纪的中国焕发出强大生机活力，在世界上高高举起了中国特色社会主义伟大旗帜；意味着中国特色社会主义道路、理论、制度、文化不断发展，拓展了发展中国家走向现代化的途径，给世界上那些既希望加快发展又希望保持自身独立性的国家和民族提供了全新选择，为解决人类问题贡献了中国智慧和中国方案。

报告中的这个例子，第二和第三个分句独立来看不是完整的句子，其实是与第一个分句共用了引领整段全句的语言单位。也就是说，“中国特色社会主义进入新时代”可以分配到第二和第三个分句前而不会影响句意。我们认为，这是一种局部省略后的总括现象，这是逗号的一种常见的、未被总结的特殊用法。逗号类似A×（X+Y+Z）=AX+AY+AZ中的乘号。

因此，上面带■的例子中第一个逗号的运用没有问题。

当然，如果非要把逗号改成冒号，就应适当添加提示下文的语句，比如，可以改为：

语言文字的学习，我们可从不同角度来看待：就理解方面说，是得到一种知识；就运用方面说，是养成一种习惯。

那么，为什么本部分带 • 的例子中的第一个逗号要改成冒号呢？

带 • 的例子每个分句表意相对完整，“动物吃植物的方式多种多样”本身就是总结性语句，分配到第二个和第三个分句前反而会影响句子的顺畅。因此，必须要把逗号改成冒号，起到提示下文的作用。冒号类似A=X+Y+Z中的等号。

我们认为，逗号可以起到总括作用。《标点符号用法》中“用分号隔开的几个并列分句不能由逗号统领或总结”的表述失之偏颇。

当然，还可能有一种情况，可以用逗号，也可以用冒号。有兴趣的朋友可以看看下一部分中“比如”后是加逗号合适还是冒号合适。

• 这一部分为笔者总结，大家有不同意见可以一起探讨。

“等等”前误用逗号

……贸易战不可避免地对中国经济各个方面带来一定的影响。比如，会影响我对外出口，干扰我国经济增长；会冲击部分外向型企业，导致成本增加、订单减少、工人失业等问题；会干扰和破坏我对外技术合作，等等。

• “等等”前的逗号应改为分号。句子用顿号时，等等

（等）不需要间隔；句子用逗号停顿时，句末的“等等”前加逗号；句子用分号停顿时，句末的“等等”前加分号。

小张咬文嚼字认为“比如”后的逗号应改为冒号。这个问题，欢迎大家探讨。

……贸易战不可避免地对中国经济各个方面带来一定的影响。比如：会影响我对外出口，干扰我国经济增长；会冲击部分外向型企业，导致成本增加、订单减少、工人失业等问题；会干扰和破坏我对外技术合作；等等。

“等等”前少了停顿

……两国合作的广度和深度都有较大拓展，达成了许多重大项目，如上海和广州的地铁都采用了德国设备和技术，德国宝马公司落户沈阳等等。

• “等等”前应加逗号。上例已有过解释。

……两国合作的广度和深度都有较大拓展，达成了许多重大项目。比如，上海和广州的地铁都采用了德国设备和技术，德国宝马公司落户沈阳，等等。

• 总体来说，分句中使用逗号，则“等等”前使用逗号。但有时也应根据句子的意思来看，比如下面的例子，“等等”前不加逗号也能讲得通。

比如推荐文学作品会介绍作者怎么描写人物，推荐史学著作会介绍修史背景、考据发现、编撰体例等等。

• 我们认为“比如”后应加上逗号。上例最好改为：

比如，推荐文学作品会介绍作者怎么描写人物，推荐史学著作会介绍修史背景、考据发现、编撰体例，等等。

具体解读请往下看。

“例如（比如）”前后如何加标点

• “例如（比如）”前是短语或短句时，一般用逗号，不用句号；“例如（比如）”后是短语或短句时，可不需要停顿，一般不加标点符号。

名词前有数量词时，后面不加“们”，例如不说“三个孩子们”。

气象是指大气的状态和现象，例如刮风、闪电、打雷、结霜、下雪等。

• “例如（比如）”后几个分句用逗号隔开时，“例如（比如）”前一般用句号，“例如（比如）”后一般用逗号。

……两国合作的广度和深度都有较大拓展，达成了许多重大项目。比如，上海和广州的地铁都采用了德国设备和技术，德国宝马公司落户沈阳，等等。

• “例如（比如）”后几个分句用分号时，“例如（比如）”前一般用句号，“例如（比如）”后一般用冒号。

……贸易战不可避免地对中国经济各个方面带来一定的影响。比如：会影响我对外出口，干扰我国经济增长；会冲击部分外向型企业，导致成本增加、订单减少、工人失业等问题；会干扰和破坏我对外技术合作；等等。

• 这一部分为笔者总结，大家有不同意见可以一起探讨。

“等”“等等”不能与省略号同时出现。

小李今年去了成都、广州、济南、武汉……等等11个城市。

小李今年去了成都、广州、济南、武汉……等11个城市。

• “等”“等等”与省略号同时出现，重复。错句可改为：

小李今年去了成都、广州、济南、武汉等11个城市。

该用“等”时误用“等等”

小李今年去了成都、广州、济南、武汉等等11个城市。

• “等等”应改为“等”。列举的各项与省略部分共同作为某词的修饰或限制成分时，用“等”不用“等等”。

小李今年去了成都、广州、济南、武汉等11个城市。

冒号涵盖范围过宽

艾滋病有三个传播途径：血液传播、性传播和母婴传播，日常接触是不会传播艾滋病的。

• 这个例子出自《标点符号用法》。“日常”前的逗号应改为句号。

艾滋病有三个传播途径：血液传播、性传播和母婴传播。日常接触是不会传播艾滋病的。

提示字“即”前误用冒号

艾滋病有三个传播途径：即血液传播、性传播和母婴传播。日常接触是不会传播艾滋病的。

• 冒号和“即”都有提示下文的作用，但“即”前不能用冒号。冒号可以用在“即”后提示下文。错句可改为：

艾滋病有三个传播途径：血液传播、性传播和母婴传播。日常接触是不会传播艾滋病的。

艾滋病有三个传播途径，即血液传播、性传播和母婴传播。日常接触是不会传播艾滋病的。

艾滋病有三个传播途径，即：血液传播、性传播和母婴传播。日常接触是不会传播艾滋病的。

“是”后可以加冒号吗?

• “是”和“即”一样，都有提示下文的作用，“是”前不能用冒号。冒号可以用在“是”后，以提示下文。党的十九大报告就有这样的用法。

大会的主题是：不忘初心，牢记使命，高举中国特色社会主义伟大旗帜，决胜全面建成小康社会，夺取新时代中国特色社会主义伟大胜利，为实现中华民族伟大复兴的中国梦不懈奋斗。

含“特别是”等递进关系的词前误用顿号

中方愿同荷方深化各领域合作，加强投融资、普惠金融合作，为两国企业、特别是中小企业开展合作创造有利条件。

• “特别是”前不用顿号，因为两者的关系是递进关系，而不是并列关系。错句中可以将顿号去掉，也可以将顿号改成逗号。

中方愿同荷方深化各领域合作，加强投融资、普惠金融合作，为两国企业特别是中小企业开展合作创造有利条件。

中方愿同荷方深化各领域合作，加强投融资、普惠金融合作，为两国企业，特别是中小企业开展合作创造有利条件。

“以及”前误用顿号

凡法律关系明确、事实清楚、矛盾争议不大的简单案件、以及涉保险类案件等，先行分流至多元纠纷调解组织。

• 当并列的词语之间既有顿号又有“以及”“甚至”“尤其”“或”“与”“及”等连词连接时，连词前不使用顿号。根据句子的意思，或删掉顿号或将顿号改作逗号。

凡法律关系明确、事实清楚、矛盾争议不大的简单案件，以及涉保险类案件等，先行分流至多元纠纷调解组织。

凡法律关系明确、事实清楚、矛盾争议不大的简单案件以及涉保险类案件等，先行分流至多元纠纷调解组织。

“及”前误用顿号或逗号导致停顿

为改善农村人居环境，各地纷纷从村民身边事入手，清运生活垃圾、集中处理污水、及废弃物……提升乡村生活品质。

为改善农村人居环境，各地纷纷从村民身边事入手，清运生活垃圾、集中处理污水，及废弃物……提升乡村生活品质。

• 《标点符号用法》：用顿号表示较长、较多或较复杂的并列成分之间的停顿时，最后一个成分前可用“以及（及）”进行连接，“以及（及）”之前应用逗号。

但在《〈标点符号用法〉解读》一书中专门强调，“及”之前不可以使用逗号。

也就是说“及”为连词出现时，前面不加逗号，也不加顿号。

为改善农村人居环境，各地纷纷从村民身边事入手，清运生活垃圾、集中处理污水及废弃物……提升乡村生活品质。

单书名号用错

《鲁迅先生<《呐喊》自序>试析》经常被拿来当作如何使用三层书名号的例子。

• 这是一个使用三层书名号的例子。最外一层和最里一层用双书名号，中间一层用单书名号。值得注意的是，单书名号的形式是“〈 〉”，而不是小于号和大于号“<>”的组合。

《鲁迅先生〈《呐喊》自序〉试析》经常被拿来当作如何

使用三层书名号的例子。

“即”“就是”误与破折号连用

他整整花了二十七年，终于编写了一部著名的药物书——即《本草纲目》。

• 此句中破折号的作用是注释内容，两者都有解释前文的作用。因此，在破折号之后加上“即”“就是”等词是不对的。

他整整花了二十七年，终于编写了一部著名的药物书——《本草纲目》。

《现代汉语词典》“夜郎自大”注释里的问号对吗？

【夜郎自大】yèláng-zìdà 汉代西南邻国中，夜郎国（在今贵州西部）最大。夜郎国的国君问汉朝使臣道：“你们汉朝大呢？还是我们夜郎国大呢？”（见于《史记·西南夷列传》）后来用“夜郎自大”比喻妄自尊大。

• 不少人认为，第一个问号应改为逗号。小张咬文嚼字认为问号没有问题，改成逗号也没有问题，另外也可以去掉第一个问号。

《标点符号用法》：选择问句中，通常只在最后一个选项的末尾用问号，各个选项之间一般用逗号隔开。当选项较短且选项之间几乎没有停顿时，选项之间可不用逗号。当选项较多或较长，或有意突出每个选项的独立性时，也可每个选项之后都用问号。

含月、日的事件怎么加引号

• 带月、日的事件、节日或其他带有特定意义的词组，为避免理解的不便，应当标明引号。在书写带月、日的事件、节日或其他特定意义的短语（含简称）时，通常只标引其中的月和日。

“九一八”事变揭开了日本对中国，进而对亚洲及太平洋地区进行全面武装侵略的序幕。

• 简称情况下，即只保留日月而省去事件名称时，为避免歧义，也应使用引号进行标引。

这一天，全国有一百多座城市拉响防空警报，共同纪念“九一八”。

• 需要突出和强调该事件或节日本身时，也可连同事件或节日一起标引。当用阿拉伯数字来表示日期时，仍然要使用引号标明。

日本侵略者每发动一次侵略战争行动，都对外美化宣称“事变”，诸如“一·二八事变”“华北事变”“七七事变”等，甚至把历时14年的侵华战争至今仍叫作“支那事变”。

用阿拉伯数字表示事件时误用标点

5.12汶川特大地震过去10年了，曾经满目疮痍的震区，如今已经郁郁葱葱。

• 当用阿拉伯数字表示以月、日为标志的事件或节日时，无论月份是几月，均应在月日之间使用间隔号（半角字符），而不是小数点，且数字外要加引号。

“5·12”汶川特大地震过去10年了，曾经满目疮痍的震区，如今已经郁郁葱葱。

用汉字数字表示事件时多加了间隔号

“九·一八”事变揭开了日本对中国、进而对亚洲及太平洋地区进行全面武装侵略的序幕。

• 《标点符号用法》：以月、日为标志的事件或节日，用汉字数字表示时，只在一、十一和十二月后用间隔号。另外需要注意，“进而”前的顿号应改为逗号。

“九一八”事变揭开了日本对中国，进而对亚洲及太平洋地区进行全面武装侵略的序幕。

分项列举包含句号时，分项误用分号

本市先后建立起三大农业生产体系：一是建立甘蔗生产服务体系。成立糖业服务公司，主要给农民提供机耕等服务；二是建立蚕桑生产服务体系。……；三是建立热作服务体系。……。

• 分项列举的各项有一项或多项已包含句号时，各项的末尾不能再用分号。例句中的分号应改为句号。当然，也可以保留分号，将句号（除最后一个）改为逗号。

本市先后建立起三大农业生产体系：一是建立甘蔗生产服务

务体系。成立糖业服务公司，主要给农民提供机耕等服务。二是建立蚕桑生产服务体系。……。三是建立热作服务体系。……。

本市先后建立起三大农业生产体系：一是建立甘蔗生产服务体系，成立糖业服务公司，主要给农民提供机耕等服务；二是建立蚕桑生产服务体系，……；三是建立热作服务体系，……。

有些词语不用顿号

根据土地管理有关法律、法规，经甲、乙双方充分协商，达成如下协议。

• 有些词语之间不加顿号。类似的有京津冀、港澳台、大中专院校、指战员、枪支弹药等。

根据土地管理有关法律、法规，经甲乙双方充分协商，达成如下协议。

专指词语应加引号

在十三五规划中，中国将“健康中国2030”上升为国家战略。

文革结束后，出版业迎来春天，中外名著的书讯纷至沓来，却供不应求。

《半条棉被》讲述红军在反围剿时给农民徐解秀留下半条被子，展现人民心中的共产党和红军“就是自己有一条被子，也要剪下半条给老百姓的人”。

• 类似的专指词语还有大跃进、一国两制等都需要加引号。值得注意的是，围剿和反围剿的引号都应加在“围剿”上。

在“十三五”规划中，中国将“健康中国2030”上升为国家战略。

“文革”结束后，出版业迎来春天，中外名著的书讯纷至沓来，却供不应求。

《半条棉被》讲述红军在反“围剿”时给农民徐解秀留下半条被子，展现人民心中的共产党和红军“就是自己有一条被子，也要剪下半条给老百姓的人”。

中华人民共和国国歌不宜加书名号

200名师生高唱《中华人民共和国国歌》，庆祝中华人民共和国国歌法实施一周年。

•《中华人民共和国宪法》：中华人民共和国国歌是《义勇军进行曲》。

我们可以看出，文章中“中华人民共和国国歌”是不加书名号的。但是，《中华人民共和国国歌法》必须加书名号。

200名师生高唱中华人民共和国国歌，庆祝《中华人民共和国国歌法》实施一周年。

200名师生高唱《义勇军进行曲》，庆祝《中华人民共和国国歌法》实施一周年。

前后引语，提示语在中间，误用冒号

“这苹果不错”，他边嚼边说：“走的时候我带几个回去”。

• 前后带引号的话语，中间插入提示语，只能用逗号，不用冒号，也不用句号。

“这苹果不错，”他边嚼边说，“走的时候我带几个回去。”

前后引语，提示语在中间，误用句号

“这苹果不错”，他边嚼边说。“走的时候我带几个回去”。

• 前后带引号的话语，中间插入提示语后不用冒号也不用句号，只能用逗号。

“这苹果不错，”他边嚼边说，“走的时候我带几个回去。”

上面的例子也可改为：

★他边嚼边说：“这苹果不错，走的时候我带几个回去。”

★“这苹果不错，走的时候我带几个回去。”他边嚼边说。

倒装句中问号误用

“到底去不去喝酒啊？杜甫兄弟。”李白追问道。

• 倒装句虽然有成分倒装，但仍是一个完整的句子，表达一个完整的意思，问号应放整句之后。

“到底去不去喝酒啊，杜甫兄弟？”李白追问道。

非疑问句误用问号

我真想问问小张为何常在非疑问句中误用问号?

• 非疑问句是指带有疑问词的陈述句。由于陈述句带有疑问词，很像疑问句，具有迷惑性，常让人在加标点时误作疑问句处理。

我真想问问小张为何常在非疑问句中误用问号。

将隐讳号×错作x、X

发现目标，方位XX，高度XX。

• ×是一种标点符号，叫作隐讳号或避讳号，用来代替不愿或不便写出来的字，写作字母x、X都是不正确的。

发现目标，方位××，高度××。

武器装备等名称或型号误用一字线

运—20大型军用运输机由我国自主研发，具有航程远、载重大、速度快等特点。

• 连接号的形式有短横线“-”、一字线“—”和浪纹线“~”三种。表示武器装备的名称和型号时，用短横线“-”。

运-20大型军用运输机由我国自主研发，具有航程远、载重大、速度快等特点。

军事演习等代号的误写

和平使命—2018联合反恐军事演习已于2018年8月29日结束。

• 军事演习等代号涉及年份、数字、字母等用短横线“-”连接，不用“—”连接。另外，书写应加引号并注意引号的位置。

“和平使命-2018”联合反恐军事演习已于2018年8月29日结束。

书名号的五个问题

连队阅览室里有《现代汉语词典》（第7版）《<标点符号用法>解读》《人民日报海外版》《空军报》《人民陆军报》《人民海军报》《瞭望》东方周刊等书报。

• 这个错例涉及标点符号的五个问题：

※有些报纸名本身不带“报”，加书名号时就不该将“报”放在其中。如，《人民海军》报不写作《人民海军报》，《人民陆军》报不写作《人民陆军报》。

※有些刊物的名称有些长，加书名号时不应加局部，如《瞭望东方周刊》不写作《瞭望》。

※单书名号不是小于号和大于号组合成的。

※书名号之间有其他成分时，应加顿号。

※《人民日报海外版》的写法问题存在争议，虽然《标点符号用法》里举例时写作《人民日报》（海外版），但这份报纸

自己的用法是《人民日报海外版》。这个问题，欢迎大家谈论。

有人说，例句中的“书报”二字没有包含刊物，但《现代汉语词典》对“书报”的解释是“图书和报刊”。对此，你怎么看？

连队阅览室里有《现代汉语词典》（第7版）、《〈标点符号用法〉解读》、《人民日报海外版》、《空军报》、《人民陆军》、《人民海军》、《瞭望东方周刊》等书报。

公文附件名称后是否使用标点符号

附件1：安全隐患报告单

附件1：《安全隐患报告单》

附件1：安全隐患报告单；

附件：1.《安全隐患报告单》

附件：1.安全隐患报告单；

• 在正文下空一行左空二字编排“附件”二字，后标全角冒号和附件名称。如有多个附件，使用阿拉伯数字标注附件顺序号（附件：1.××××××）；附件名称后不加标点符号。附件名称较长需回行时，应当与上一行附件名称的首字对齐。

附件：1.安全隐患报告单

运载工具加引号的问题

有些出版物将“雪龙号”写作“雪龙”号是不规范的。

• 是否该把“号”放在引号内，应该根据运载工具及其名称的实际情况来决定。名称不带“号”的运载工具，在书写时应把“号”字放在引号外。

有些出版物将“雪龙”号写作“雪龙号”是不规范的。

公文发文年份

×××［2018］8号

• 标示公文发文字号中的发文年份时，应使用六角括号。

×××〔2018〕8号

表示概数的两数之间不用顿号

我们有七、八个月没有见面了。

•《出版物上数字用法》：两个数字连用表示概数时，两数之间不用顿号隔开。

我们有七八个月没有见面了。

误把相邻的两数当概数

每年七八月份常是临床供血最紧张的时期。

• 当相邻两个数字连用不是表示概数，而是一种缩略形式时，应使用顿号。

每年七、八月份常是临床供血最紧张的时期。

每年7、8月份常是临床供血最紧张的时期。

全篇文章中突然冒出半角标点符号

• 出现这样的情况主要有两个原因，一是切换输入法造成的，二是复制粘贴造成的。建议作者、编辑养成对半角符号进行搜索的习惯。

这两个“原则”使用时不加引号

• 请记住：四项基本原则和一个中国原则在使用时不加引号。

一二三产业还是一、二、三产业?

党的十九大报告：要促进农村一二三产业融合发展，支持和鼓励农民就业创业，拓宽增收渠道。

国发〔2018〕3号文件：推动质量管理先进标准、方法向一二三产业和社会治理等领域全面延伸。

国办发〔2018〕4号文件：以提质增效为重点，推进农村一二三产业融合发展。

国发〔2018〕9号文件：深入推进“互联网+农业”，多渠道增加农民收入，促进农村一二三产业融合发展。

《中共中央　国务院关于打赢脱贫攻坚战三年行动的指导意见》：支持有条件的贫困县创办一二三产业融合发展扶贫产业园。

《乡村振兴战略规划（2018—2022年）》：构建现代农业产

业体系、生产体系、经营体系，实现农村一二三产业深度融合发展。

• 二三产业与二、三产业，你认为哪个对？

表示时间起止的连接号误用

国庆前夕，《乡村振兴战略规划》（2018—2022年）正式对外公布。

国庆前夕，《乡村振兴战略规划》（2018-2022年）正式对外公布。

国庆前夕，《乡村振兴战略规划（2018-2022年）》正式对外公布。

• 注意两点：一是看文件名称的写法，确定括号的位置是在书名号内还是书名号外；二是标示时间的起止一般用一字线，不用短横线。

国庆前夕，《乡村振兴战略规划（2018—2022年）》正式对外公布。

精选留言

曹sir：

这40种确实都是常见的，省略，等等……这些都挺简单的，但是也是经常容易忽略的，还是细心为好，很多并不是字词句段篇章不会，更多的是不仔细，是工作的态度导致的，但是往往时间紧迫，这就要求我们更加有效率和有更好的工作能力了，加油！学习了，很棒！

这些标点符号用法，我竟然用错了半辈子……

本文首发于2021年10月8日

作者：杨林成

小标点，大学问。顿号、逗号、分号、句号等标点符号有哪些易错用法？括注位置加在哪里？表示省略的“等等”如何使用？

书面语中，记者、编辑等新闻工作者必须合理使用标点符号，才能使自己的文本写得流畅、清楚，以免给读者造成阅读障碍。

传媒茶话会特约上海市期刊编校质量审读专家、上海教育出版社编审、《语言文字周报》执行主编杨林成，列举并分析11种新闻报道中常见的标点误用现象，供大家参考。

“短包长”

［误例1］

国务院批转发展改革委等部门《关于深化收入分配制度改革若干意见的通知》要求：“加强国有企业高管薪酬管理，高管人员薪酬增幅应低于企业职工平均工资增幅”、“促进中低收入职工工资合理增长”、“适时调整（提高）最低工资标准”、“稳步提高重点粮食品种最低收购价，提高农民在土地增值收益中的分配比例”……

［校正］

国务院批转发展改革委等部门《关于深化收入分配制度改革若干意见的通知》要求：“加强国有企业高管薪酬管理，高管人员薪酬增幅应低于企业职工平均工资增幅”，“促进中低收入职工工资合理增长”，“适时调整（提高）最低工资标准”，“稳步提高重点粮食品种最低收购价，提高农民在土地增值收益中的分配比例”……

［诊断］

犯了“短包长”的毛病。停顿短的顿号，不宜用来隔断停顿长的分句。不同标点符号的停顿时长，由短到长依次是顿号、逗号、分号、句号。误例中，4个分句的停顿时间显然大于顿号，故而顿号应改为逗号。

［误例2］

2018年2月11日，青海省监察委员会领导班子成员全部产生。全国省级监察委员会全部成立；2月13日，河北唐山市监察委员会挂牌。全国市级监察委员会全部完成组建；2月25日，广西崇左市大新县监察委员会揭牌。全国省、市、县三级监察委员会全部组建完成。

[校正]

2018年2月11日，青海省监察委员会领导班子成员全部产生，全国省级监察委员会全部成立；2月13日，河北唐山市监察委员会挂牌，全国市级监察委员会全部完成组建；2月25日，广西崇左市大新县监察委员会揭牌，全国省、市、县三级监察委员会全部组建完成。

[诊断]

误用句号。话语结构具有层级性，标点符号的使用必须准确体现出这一特点。误例中3个句号的使用，打乱了句子层次，都应改为逗号。逗号的停顿小于分号。

“一逗到底”

[误例]

公寓里的家电都为质量可靠的大品牌，我们对墙体的粉刷也进行了监督，考虑到居住稳定性和舒适度的要求，我们尽量将学术背景相同的教师安排在一套房间里。

[校正]

公寓里的家电都为质量可靠的大品牌。我们对墙体的粉刷也进行了监督。考虑到居住稳定性和舒适度的要求，我们尽量将学术背景相同的教师安排在一套房间里。

[诊断]

犯了“一逗到底”的毛病。误例讲了3件事，应该用3个句子来表述。前头的2个逗号，都应改为句号。

问号的使用

[误例1]

23天的激战后，以色列和哈马斯的发言人都说自己“胜利了”，只有巴勒斯坦老人，在房屋两次重建又第三次被炸毁后问，“为什么总是我们付出代价”。

[校正]

23天的激战后，以色列和哈马斯的发言人都说自己“胜利了”，只有巴勒斯坦老人，在房屋两次重建又第三次被炸毁后问：“为什么总是我们付出代价？”

[诊断]

句末句号使用不当，没有正确传达出句子的语气。误例中，巴勒斯坦老人确实是有疑而问，而且是愤怒、无奈地责问，在寻求答案。因而“为什么总是我们付出代价”后应该用问号。

[误例2]

他们的行为举止、政治态度、审美趣味，甚至读什么书？用什么材料装饰居室？坐什么车？使用什么化妆品？都在媒体的掌握之中。

[校正]

他们的行为举止、政治态度、审美趣味，甚至读什么书，用什么材料装饰居室，坐什么车，使用什么化妆品，都在媒体的掌握之中。

[诊断]

不是疑问句却误用问号，4个问号都应改为逗号。

标点与话语的层次

[误例]

这个时期，他的作品背景蓝、人物蓝、头发、眉毛、眼睛也都是蓝色的。

[校正]

这个时期，他的作品背景蓝，人物蓝，头发、眉毛、眼睛也都是蓝色的。

[诊断]

滥用顿号，标点不分层次。顿号与语言的结构层次关系紧密。如果并列词语处于不同的层次，则低层次的并列词语之间用顿号，高层次的并列词语之间用逗号。否则，就会造成语句层次不清。“头发、眉毛、眼睛”是低层次并列词语，“背景蓝”“人物蓝”“头发、眉毛、眼睛也都是蓝色的”三者是高层次的并列关系。

画蛇添足的冒号

[误例 1]

与“德”相关的内容有：立德树人、德智体美劳五育并举，还有传统的德育。

[校正]

与“德”相关的内容有立德树人、德智体美劳五育并举，还有传统的德育。

[诊断]

标点多余，删去冒号。行文中多余的标点符号，既不符合语言的经济原则，也会阻滞语意的连贯，影响阅读与理解的效率。“有……还有……”是并列关系的复句。第一个分句中，“有”与“立德树人、德智体美劳五育并举”是动宾关系，之间的冒号应删除。另外，冒号的管辖范围较宽，放在这里还容易让人误解“有”能管住后面的所有文字。

[误例 2]

为检测学习目标：“运用图标资料，能判断某地的气候类型，能描述该气候的特征，会分析其成因，并形成综合思维（核心素养）”的达成，特命制了以下作业。

[校正]

为检测学习目标“运用图标资料，能判断某地的气候类型，能描述该气候的特征，会分析其成因，并形成综合思维（核心素养）”的达成，特命制了以下作业。

[诊断]

标点多余，删去冒号。误例中，用冒号的地方在说话时无停顿，所以冒号应删除；否则，就把连贯的话截断了。换一个角度看，这里也是“短包长”的问题。“达成”后头的逗号，包不住冒号。

“说”字后头的标点

[误例]

她放下手中的书，笑着对记者说，“以前想看这方面的书，还要专门去县图书馆。现在村里有了农家书屋，我们可以更快更方便地接触到这些知识了。”

[校正]

她放下手中的书，笑着对记者说：“以前想看这方面的书，还要专门去县图书馆。现在村里有了农家书屋，我们可以更快更方便地接触到这些知识了。”

[诊断]

“说”后宜用冒号，或将句末的句号移到引号之后。不过，有一点需特别注意：如果行文中的“说”是插入性的，那么“说”后就不用冒号，而宜用逗号，因为这样插入性成分才能关照到前后所说的话。例如：“爸爸昨天去北京了。”哥哥说，“下月才回来。”

提示性话语后头的标点

［误例］

《管子·权修》中记载“一年之计，莫如树谷；十年之计，莫如树木；终身之计，莫如树人。”

［校正］

《管子·权修》中记载：“一年之计，莫如树谷；十年之计，莫如树木；终身之计，莫如树人。”

［诊断］

标点缺漏，添加冒号。标点缺失，或者会影响句子意思的准确表达、句子结构的显豁呈现，或者会影响话语的语气、口气的顺利传递。“《管子·权修》中记载”是提示性话语。根据标点符号规则，当提示性话语后面是一个完整的句子时，其后应用冒号。

解释性文字的前后标点

［误例］

勃鲁盖尔朴实而生动地描绘了尼德兰乡村的日常生活仪式——农业、狩猎，食物，节日，舞蹈，还有男婚女嫁，乡间的宴会，甚至还形象地表现了诙谐的民间谚语。

［校正］

勃鲁盖尔朴实而生动地描绘了尼德兰乡村的日常生活仪式——农业、狩猎，食物，节日，舞蹈，还有男婚女嫁，乡间的宴会——甚至还形象地表现了诙谐的民间谚语。

[诊断]

解释性文字后面的标点使用不当。这是由两个分句构成的复句。“农业、狩猎，食物，节日，舞蹈，还有男婚女嫁，乡间的宴会”是对“尼德兰乡村的日常生活仪式”的补充说明。“甚至”前头使用逗号，容易把后一个分句牵连到前面的文字上，引起语意的混乱，因而应改为破折号或分号。

括注的位置

[误例]

《白毛女》（1951）是电影表演艺术家田华的银幕处女作（时年22岁）。

[校正]

《白毛女》（1951）是电影表演艺术家田华（时年22岁）的银幕处女作。

[诊断]

括注的位置不当。句内括号是对句子局部的解释，必须紧接在所注释的词或短语之后，而不能括在全句之后。“时年22岁”是对“田华”的补充说明，应紧跟在“田华”后面。

省略号与“等”字并用

[误例]

这次参加会演的剧种很多，有京剧、越剧、粤剧、黄梅戏、河北梆子……等等。

[校正]

这次参加会演的剧种很多，有京剧、越剧、粤剧、黄梅戏、河北梆子等等。

[诊断]

手段重复。话语中表示省略的意思，可以用助词“等”“等等”一类的词语，也可以借助标点符号中的省略号。不过，一个句子里只可选择一种手段。误例中应或保留省略号，或保留“等等”。

句末点号与句子语气不协调

[误例]

热疯了。40℃，41℃，42℃，这个夏天，绍兴的高温纪录不断被刷新。8月6日，下辖的新昌县更是以43℃的高温创下全国之最。

[校正]

热疯了！40℃，41℃，42℃，这个夏天，绍兴的高温纪录不断被刷新。8月6日，下辖的新昌县更是以43℃的高温创下全国之最。

[诊断]

每个句子都有贯穿全句的语气。在书面语里用句号、问号、叹号来表示。陈述句用句号，感叹句用叹号。“热疯了”是一句感叹色彩强烈的话，末尾只有用叹号，才能准确传达句子的语气。用句号，就与句子的语气不协调了。

小标点，大学问。诸位如果想全面了解汉语书面语中标点符号的常见误区，最好是手头备一册标点“错题集”性质的图书，得空就拿出来翻一翻，必能达到事半功倍之效。

精选留言

万步得一：

标点符号比写一篇文章还难，标对了，意思对；标错了，意思却反了。

媒体人警惕！这些常见职务名称错误表述别“踩坑”！

本文首发于2021年9月6日

作者：陈莹　罗艺菲

“湖北省省长”还是“湖北省长”？

“光明区政法委书记”还是“光明区委政法委书记”？

“重庆市宣传部”还是“重庆市委宣传部”？

媒体人在撰写新闻稿件时，常需表述党政机关单位及职务名称。

职务名称有哪些写作规范？原任职务又该怎样表述？

2021年9月5日，传媒茶话会对话中国记协原党组成员、书记处书记顾勇华和微信公众号“雨心亭”主创王绎心，并参考分析部分党政名称表述资料，梳理出如下常见职务名称用法和规范表述方式，供大家参考。

党政职务表述的三个原则

党政职务名称怎么用才规范？中国记协原党组成员、书记处书记顾勇华告诉传媒茶话会，职务名称写作时需掌握三个原则：

一是新闻报道中职务名称一般采用“单位+姓名”的表述方式，注意正确使用职务名称，具体以任命通知为准。涉及原任职务时，“原”字的用法需特别注意。

二是同时担任多个职务时，职务级别高的在前、职务级别低的在后，“先高后低”；职务级别相同时，一般将党内职务放在行政职务之前。

同时担任多个职务时，“兼”字不可随意使用，具体以任命通知为准。

2020年10月，国务院任命何平为新华通讯社社长，任命后何平职务为新华通讯社社长、党组书记兼总编辑。据人民网显示，庹震于2020年10月出任人民日报社社长、总编辑。

2021年7月，国务院任命傅华为新华通讯社总编辑，免去何平的新华通讯社总编辑职务。

三是学衔、军衔用法遵循相关规定。

学衔表述中，博士可以单独使用、不衔接职务，如钱学森博士、钱三强博士。硕士及以下学衔不可以单独使用，需与其他职务搭配。

军衔表述遵循《中国人民解放军军官服役条例》中的

规定。

职务名称用法解析

党政职务名称具体怎么使用？“原”字加在哪儿？传媒茶话会对话微信公众号“雨心亭”主创王绎心，并参考微信公众号“无忧智能校对”相关文章，带来一些职务名称用法的解析案例。

1.关于省长、省委书记的表述

公众号“无忧智能校对”文章分析认为，规范表述为：××省省长、××省委书记。

“江苏省省长”全称为“江苏省人民政府省长”。该职务由“江苏省”“人民政府”“省长”三部分组成，“江苏省”“省长”不能简写，“人民政府”可简称为“政府”，简称连起来即为“江苏省政府省长”，通常可继续简化为“江苏省省长”。

“湖北省委书记”全称为“中国共产党湖北省委员会书记”。该职务名称由“中国共产党”“湖北省”“委员会”“书记”四部分组成，“中国共产党”简称为“中共”，“湖北省”无法更简，“委员会”简称为“委”，“书记”无法再简，连起来简称即为“中共湖北省委书记”，通常可继续简化为“湖北省委书记”。当地省委机关或当地媒体在表述时，一般直接写作“省委书记”。

此外，“雨心亭”相关文章中提醒，表述党委工作部门时不能省略“委”字。

规范表述为：××区委政法委书记、××省委组织部、××市委宣传部。

划重点：省委、市（直辖市、地级市、县级市）委、地委、州委、盟委、县委、旗委、区（市辖区）委都是规范简称，单独使用时通常不写为“省党委”“市党委”“县党委”等。

2. 多个职务的表述方法

并列出现的职务单位不同，单位名不可省略。

规范表述案例：××省委常委、省政府副省长。

省委常委是党内职务，副省长是省政府的行政职务，两个职务单位不同，正式场合“省政府”不能省略，一般场合不建议省略。

并列职务，单位相同，单位名称第二次出现时可以省略。

规范表述案例：××市委常委、秘书长。

在不造成误解的前提下，表达应尽量简洁，故推荐写为“××市委常委、秘书长”。

市委常委、组织部部长，市政府党组成员、秘书长、办公室党组书记写法同上。

3. 乡（镇）党委和单字县名的用法

乡（镇）党委是党的基层委员会，不同于省市县等党的地方委员会，不能简称为“乡（镇）委”，规范用法是：乡（镇）党委书记。

如果县名为一个字，例如“中县”，通常写为中县县委，不写为“中县委”（注意：县政府、县纪委等仍写为中县政府、中县纪委)。

如果县名为两个字以上时，写为××县委。

原任职务表述

1. 表达原任职务时，“原”字通常加在单位和职务之间

规范用法是“中宣部原部长”“××市新闻出版局原局长”，通常不写为“原中宣部部长”“原××市新闻出版局局长”。

推荐写为××省委原常委、省政府原副省长，或××省委原常委、省纪委原书记、省监委原主任。单位名均不可省略。

2. 因撤销、合并等原因已经不存在或更名的单位，“原”字应加在原单位名称（简称）之前

例如，因机构改革中华人民共和国文化部与中华人民共和国国家旅游局合并为文化和旅游部，不应写为原中华人民共和国文化部、原中华人民共和国国家旅游局，应写为“中华人民共和国原文化部”“中华人民共和国原国家旅游局”。此外，这种情况下职务名称前不必再加“原”，即中华人民共和国原文化部部长、中华人民共和国原国家旅游局局长。

对于单位总体未更名但下属单位（含内设机构、派出机构等）已经不存在或更名的情形，“原”字加在该下属单位之前。例如，汉东省检察院未更名，但汉东省检察院反贪局已不存在，应写为汉东省检察院原反贪局局长，不写为“原汉东省检察院反贪局局长”。

3. 注意各类党委（党组）有关名称

党的地方委员会（如省委、市委、县委）是独立单位。但是，机关、人民团体等单位的党组、党委（党组性质的党委），以及企业、学校等单位的党委（党的基层委员会）、党总支、党支部一般不视为独立单位。故通常写为某单位原党组书记、某单位原党委书记。

此外，还有一些常见职务规范写法，部分职务和单位不得省略和简写。

“××省人大主任”为错误表述，应为“××省人大常委会主任”，“常委会”不得省略。

“××市人大常委”为错误表述，应为“××市人大常委会委员”，人民代表大会常务委员会委员通常不简称为“人大常委”。

“全国人大常委会主任、乡（镇）人大常委会主任”为错误表述，应为“全国人大常委会委员长、乡（镇）人大主席”，乡镇人大不设常委会。

“审计署署长”“检察院院长”“自治区区长”均为错误表述，应为“审计署审计长”“检察院检察长”“自治区（人民政府）主席”。

“××省团委书记”“省团委书记”均为错误用法。全称为“中国共产主义青年团××省委员会书记”，可简称为“共青团××省委书记”“团××省委书记”，省略省名“××”时可简称为“团省委书记”。

精选留言

王绎心：

【回复“组织部长还是组织部部长呢”这个问题】我在《职务名称的常见错误表述》第二点讲了这个问题，在《职务名称表述的若干疑难问题》第七部分更是专门作了分析：根据《表述》所说明的规范，通常写为汉东省委组织部部长，不写为“汉东省组织部部长”“汉东省委组织部长”。一般情况下，完整书写地区、单位、职务和姓名的时候，确实应当如此表述，不写为“组织部长”。但是，特殊情况下，“组织部长”也可能更合适。例如，“全国组织部长会议”是一个专有名词，不写为“全国党委组织部部长会议”。又如，“一名基层组织部长”强调身份而非某个具体职务，这样表述是可以的；若写为“一名基层党委组织部部长”，不仅显得冗长，还存在一定歧义。

把好报纸校检关！别让技术性差错带来政治性差错！

本文首发于2017年9月26日

作者：赵思强

习近平总书记在"2·19"讲话中专门指出，要把好采访关、组稿关、审核关、发稿关，严格规范新闻采编工作流程。

《人民日报》可以说是我国报纸校检最高水平的代表，采用校检合一的方式。传媒茶话会对话人民日报社校检室原主任、主任编辑卢玉华，中国记协书记处原书记顾勇华，国家新闻出版广电总局新闻报刊司原巡视员张泽青，《中国妇女报》总编辑孙钱斌，金华日报传媒集团社长兼总编辑陈东等业内人士，共同探讨校检质量对报纸的重要意义，给出校检"8步法"、"最后5分钟"原则等实操手册。

百篇作品因一般差错痛失中国新闻奖

“提高报纸校检质量，保证不出差错，是报纸永远要做的事情。校检这样的基础工作可能枯燥，但是报纸质量的重要保障。”中国记协书记处原书记顾勇华对传媒茶话会说。

顾勇华告诉传媒茶话会，每年全国各地、各机构会有700多件作品报送到中国记协，参评中国新闻奖，遗憾的是每年都有100多件作品因出现两处或两处以上一般性差错而直接被淘汰。

“能够选送到中国记协参加最终评审的稿件基本都是当地的第一、二名，却因为一些小差错，而痛失了获得中国新闻奖的机会，无论对报社还是记者个人，这都是非常大的遗憾。”顾勇华表示。

《人民日报》“校检合一”，纠错“8步法”

校检工作分为“校对”和“检查”。校对是校一般性的字词、标点。检查是检查隐性差错，比如政治导向、政治把关、对政策精神的理解、版面语言等。

《人民日报》可以说是我国报纸校检最高水平的代表。人民日报社校检室原主任、主任编辑卢玉华告诉传媒茶话会，《人民日报》采用校检合一的方式，有一套严格的操作程序，校检员工作可分为8步：通语句，扫字词，查重稿，核事实，看导向，对政策，顺逻辑，辨题文。

另外，校检员每天的工作量，以及所校检出的差错都登记在案，保证每个差错都能查到负责校检样的当事人。严格的工作流程和标准，炼就了校检员的一双“火眼金睛”，保证了报纸的质量。

“一个字、一个词的对错，不仅关系到是否正确地传达党的路线、方针、政策，还会直接影响到党报的声誉。”卢玉华对传媒茶话会说，“校检员要时刻绷紧政治意识这根弦。做到学习要有恒心，工作要有热心，校检要有耐心，查错要有细心，纠错要下狠心。”

《人民日报》“最后5分钟”原则

除此之外，《人民日报》还有一套独有的出版前“最后5分钟”原则：3位编辑，5分钟，13项工作。严格执行，一天不落，一条不落，一字不落。对报纸质量把关起到了至关重要的作用。

《人民日报》总编室版面“最后5分钟”工作流程：

主编与编辑A：

两人画线校读版上所有标题（肩、主、副、摘要、小标题）。确保题区无错位，题文相符，文字无误。一版核准导读题目，各版最后小样送一版备核。

主编：

1.检索新华社所有稿库，确认“四副两高”以上领导稿件无漏登，特别注意名字没有上题的重要稿件。检索相关的改稿通告及“请注意”“重要稿件预告”等，对照大样核实。

2. 与稿情清单及新华社要目对照，本版应刊用的稿件没有遗漏。已上栏，但未用出的稿件须撤回稿库，并酌情退回主任或备用。

3. 梳理一次当天版面稿情，确认重要稿件、标题等的改动，已同值班老总或值班主任进行沟通。

4. 查阅当日其他版面，特别是周刊专版，注意与本版有无重稿、重题、重照片。

编辑A：

1. 党和国家领导人的职务、姓名需用笔画出，核准文字、职务、排序。

领导人署名文章核对字体、字号标准。（一版加核中央主要领导人姓名无回行。）

2. 核对照片说明无误，说明与照片内容一致。

一版加核新闻人物头像照片，四版加核逝世消息头像照片。

3. 核对报眉、日期、版序、报尾、刊头、栏目序号、加线是否正确。

4. 检查所有正文末尾没有丢文。

编辑B：

1. 确认领导机关发来重要稿件、文件的原件或传真件已随第一道大样交给校检。

2. 重要领导人活动的报道，打印两份原稿，一份走校检，一份由版面负责点段确认无遗漏段落。

3. 核对所有报道的署名和电头无误。刊用的新华社稿有无本报稿，或是否需要改电头。改动新华社稿署名，是否记者授权并报主任同意。

4. 核对转活无误。确认转活稿件相关版面已交换每一道大样互查。

注一：“最后5分钟”大样是拼版员对版面修改完毕、不再操作时所出大样。

注二：以上程序完成之前，暂时不要压缩传版。

注三：校对签“付印”后，版上任何改动，都必须报知值班主任，签照改样。

注四：各版送交值班主任的最后小样上须有校核时所画的线。

警惕！别因技术性差错带来政治性差错！

一位资深媒体人对传媒茶话会表示，现在媒体处在转型迷茫期，部分媒体内部人浮于事，岗位流动性高，很多媒体逐渐将重心转向新媒体平台，对报纸的重视程度也在降低，导致差错高发。还有的报社取消了专门的校检岗位，改由编辑互校。

对此，中国记协书记处原书记顾勇华表示，媒体转型中有探索，这很正常，但报纸质量一定要保证，尤其要注意别让技术性差错带来政治性差错。

习近平总书记在“2・19”讲话中专门指出，要把好采访关、组稿关、审核关、发稿关，严格规范新闻采编工作流程。校检是一项至关重要且专业性很强的工作，报社需要提高认识。

国家新闻出版广电总局新闻报刊司原巡视员张泽青对传媒茶话会表示，如果不重视校检质量，上对不起主管单位，下对不起读者，“不管传统媒体还是新媒体，都要为读者负责，这是一个起码的职业道德底线。错误横行，就等于放弃了读者”。

《中国妇女报》总编辑孙钱斌认为，在新兴媒体冲击下，公信力是报纸硕果仅存的关键竞争力之一，而校检质量是构成报纸公信力的基础要件。报纸作为印刷媒介，其文字品质应该有更高的要求，在文化积累方面有特殊的担当，许多人把印在报纸上的文字当作范文来读。如果放弃校检质量上的严要求，报纸将失去更多。

金华日报传媒集团社长兼总编辑陈东对传媒茶话会说，校检是为了保持产品精度，新媒体的差错很多，报纸在这方面精益求精，也是为了体现自己的品质不泯然于自媒体，留一份骄傲和尊敬。

精选留言

叔叔属鼠：

校对应该有专人负责，而不是身兼多职的编辑，编辑只能把握大方向，兼顾多必然出错。然而很多小报的记者，不仅是编辑，还是校对，出错是必然。校对不仅是技术，更应该是管理。

媒体人注意！117例常见差错首次集中公布！收藏！！

本文首发于2018年12月14日

作者：小张咬文嚼字

有人说，打开网络，便是烈风淫雨；有人说，走到街上，标语差错便映入眼帘；也有人说，随手翻阅出版物，就发现一堆问题……语言文字与人们的生活息息相关，语言文字规范化是全社会普遍关注的话题。

校对如校雠，灭错如扫尘。不管是从业人员的专业校对还是普通作者的自我校对，校对质量的好坏除了与能力有关，也与责任心有直接联系。在调查中，我们感受到，有些语言文字的差错根本不是能力问题，而是责任心不到位。为此，我们通过多方面调查，梳理了144例经常强调但又容易出错的差错。

出版物及网络

（一）媒体牛皮癣

调查发现，下面7个不规范用法最为顽固。

1.“失之偏颇”错作“有失偏颇”

从中央级媒体到省级媒体，从报刊到图书，从作者到编者……“有失偏颇”的错用很多。“有失偏颇”常出现在新闻评论中，在此特别提醒。

“有失”中的“有”位于动词前以助语气，“有失”即“失去”之意，其后接的词是“失”的宾语，宾语往往是褒义词或中性词。如：有失大雅、有失水准、有失风度。

“失之”中的“失”有两层意思：一是差错、过错，例如失之交臂、失之毫厘谬以千里、失之东隅收之桑榆；二是缺陷，此时“失之”就是介词结构后置的省略，即“失之于”。“失之”后接的词为“失”的补语，用来补充说明某方面有失误，补语往往是贬义词。如：失之偏颇即表示“缺陷在于偏颇”。《现代汉语词典》（第7版）在给“偏颇”举例时，其前面用的也是“失之”：这篇文章的立论失之偏颇。

2.“成功与否”错作“成败与否”

错例：改革初心在于人民，动力来自人民，人民群众满意是检验改革成败与否的唯一标准。

“成败与否”是一种错误的搭配形式。在××与否的表达中，“与否”在肯定词之后组成一种固定句式，用于书面语；××不能是表双向或两方面的词语。

需要注意的是，只把错例中的“成败与否”改作“成功与否”错例还是病句，属于前后搭配不当。

改革初心在于人民，动力来自人民，人民群众满意是检验改革成功与否的唯一标准。

语句中有两面词，则上下文须有与之相照应的两面词或者语意包含两面的词。有时候也可改为肯定的单面词。错例可改为：

改革初心在于人民，动力来自人民，人民群众满意是检验改革成功的唯一标准。

改革初心在于人民，动力来自人民，人民群众是否满意是检验改革成功与否的唯一标准。

改革初心在于人民，动力来自人民，人民群众是否满意是检验改革成败的唯一标准。

改革初心在于人民，动力来自人民，人民群众满意不满意是检验改革成功与否的唯一标准。

改革初心在于人民，动力来自人民，人民群众满意不满意是检验改革成败的唯一标准。

值得注意的是，在正式的公文中，满意不满意一般不写作满不满意。

3.“当属”与“当数”的混用

错例：本周将有11部新片上映，其中最抢眼的当属DC超级英雄大片《海王》。

错例中的“当属”应为“当数”。当前，大部分新闻报道中的“当属”使用都不妥当。简单的区分方法是：前面有“最大”“最好”“最快”等带“最”字的，一般后面跟“当数”。如果“最”在后面，前面一般用“当属”。错例如果非要使用“当属”则可改为：本周将有11部新片上映，其中DC超级英雄大片《海王》当属最抢眼的。

4.“蒙”错作“懵”

关于“蒙”和“懵”，其实从词性和读音上很容易区分。调查中我们发现，网络新闻每天都有类似带“懵”的标题，而报纸中也常常出现错用。发蒙、打蒙、蒙圈、有点蒙中的“蒙”都不能写作“懵”。

5.“通信”错作“通讯”

错例：近年来，我国先后发射了多颗军用卫星、科研卫星、气象卫星、通讯卫星、返回式卫星。

“通讯”应为“通信”。记住下面这句话，就能掌握“通讯”的基本用法：特约通讯员小张写了一篇人物通讯稿投给了新华通讯社。也就是说，涉及传递数据信息一类的，一般使用“通信”，如电信、移动、联通三大通信运营商。另外，量子通信、通信卫星、通信设施、通信旅、空中通信、通信兵中的“通信”不能写作“通讯”。

值得注意的是，有些包含“通讯”字样的公司应尊重原称呼，不能改作“通信”。如，中兴通讯股份有限公司。

6.“桔”与“橘”混用

目前的工具书上“桔”只有一个读音jié，如桔梗。表示水果时，一般写作“橘子”“蜜橘”“柑橘”。当然，青桔单车和桔子酒店中的“桔”不写作“橘”。

7.疑问词“干吗”错作“干嘛”

从调查来看，不少媒体已经从不适应转变成习惯使用，今年“干吗”的正确使用频率略高于往年，这需要一个接受的过程。

（二）搭配不当

下面5个经常被“拉郎配”。

8.火势被扑灭

错例：经过长达6个小时的救火工作，火势终于被扑灭，确保了群众生命及财产安全。

经过10分钟紧张激烈的扑救，火势最终被扑灭，在确认现场无隐患后，消防车辆撤离现场。

在消防新闻报道中，我们常见“火势”“扑灭”“控制”等字眼。但要弄清楚，扑灭的是“火”，控制、压制的是“火势”，可以说“火势被控制”或“大火被扑灭”，而不能说“火势被扑灭”。

9.书写壮丽画卷

错例：抚今追昔，无数英烈用生命和热血，书写着中华民族从站起来、富起来到强起来的壮丽画卷。

在庆祝改革开放40周年的相关报道中，常出现“壮丽诗篇”“壮丽史诗”“壮丽画卷”等气势恢宏的词语。然而，有的媒体却出现了类似“书写出壮丽画卷”的表述，让人大跌眼镜。关于此类搭配，规范的表达方式是：

书写（谱写）……壮丽史诗

谱写（书写）……壮丽诗篇

描绘（绘就、描摹、勾勒）……壮丽画卷

10.跳出……（的）桎梏

错例：跳出土地桎梏的村民，多数选择外出务工，人均年劳务收入最低1.5万元。

“跳出……（的）桎梏”搭配不当，可具体根据句子表达的意思改为摆脱、挣脱等词语。

11.摆正……关系

错例：长期以来，由于自己没有摆正国家利益、社会利益和个人利益的关系……

此句选自范冰冰的致歉信。“摆正……关系”搭配不妥，摆正的一般是心态、位置，可将摆正改为处理好。

12.掀起……氛围

错例：引导贫困对象树立“勤劳致富、脱贫光荣”的理念，激发贫困对象干事创业的动力，在贫困人口中掀起主动脱贫、争先脱贫的浓厚氛围，在党员干部中掀起主动参与、争先参与的浓厚氛围，有力地推动了全区精准扶贫精准脱贫工作有效开展。

掀起的是热潮，营造的是氛围。数据统计显示，此类差错在今年的新闻报道中经常出现。

（三）错别字

我们从调查数据中筛选了一些常见的错别字，括号内为错误写法。

13.雷峰塔（雷锋塔）

错例：之后，妈妈还带我游玩了雷锋塔、灵隐寺，并参观了G20峰会会场。

14. 大义凛然（大义禀然）

错例：他在敌人的严刑逼问下大义禀然，笑傲刑场。

15. 风光不再（风光不在）

错例：曾几何时，手机霸主诺基亚、摩托罗拉风靡世界，但短短几年，就被其他公司收购，风光不在，沦为小众品牌。

16. 第五届（第五界）

错例：11月7日，腾讯集团董事会主席马化腾在第五界世界互联网大会的开幕式做主题演讲。

17. 顷刻（倾刻）

错例：儿时尘封的记忆，倾刻间便像村头潺潺的溪水涌动。

18. 窨井盖（窖井盖）

错例：加强对窖井盖检查，对辖区内窖井盖等设施加强检查维护，发现破损、缺失立即整改。

19. 惩前毖后（惩前毙后）

错例：……达到“惩前毙后、治病救人”的目的。

20. 常住人口（常驻人口）

错例：消防站辖区面积为4.5平方公里，覆盖社会单位500余家，居民社区9个，常驻人口达6万余人。

21. 熨帖（熨贴）

错例：唉，他就是爱操心，谁从他身边走过，他都想把人家的心搞得很熨贴，这种操心得耗费人多少精力啊。

22. 一杆秤（一杆称、一秆秤、一秆称）

错例：“有限”代价不是指他抠门，而是他心中有一杆称，值得他付出的才会不惜代价。

23.似的（似地、似得）

错例：风儿吹动着树梢，树叶像小精灵似地在空中跳起了舞。

那只蜜蜂像无头苍蝇似得，总是撞击着窗户，不管自己有没有受伤，它还是坚持击打窗户，想要飞出去。

24.捅娄子（捅篓子）

错例：工作的标准不高，争先创优的思想意识不强，只满足于不出问题、不捅篓子、不挨鞭子，工作甘于平庸。

（四）关于引号的问题

调查中我们发现，有些不需要加引号的词加了引号，有些必须加引号的却没有加上，有的把引号加在什么位置搞错了。

25.不需要加引号的词语

京津冀协同发展

坚持一个中国原则

坚持四项基本原则

荣誉称号

一等功

※右倾机会主义不写作“右”倾机会主义

26.必须加引号的词语

“三农”

“四风”

“文革”

“大锅饭”

“十三五”

“一国两制”

“八一勋章”

“中国威胁论”

“中国崩溃论”

“文化大革命”

※注意：

“两弹一星功勋奖章”经常被错作“两弹一星”功勋奖章。

值得注意的是，“两弹一星”精神不写作“两弹一星精神”。

27.局部加引号的词语

注：括号内为不规范写法

反“围剿”（“反围剿”）

反“扫荡”（“反扫荡”）

反“会剿”（“反会剿”）

反“进剿”（“反进剿”）

“五个一工程”奖（“五个一工程奖”）

“三权”分置（“三权分置”、三权分置）

“左”倾教条主义（“左倾”教条主义、左倾教条主义）

“左”倾机会主义（“左倾”机会主义、左倾机会主义）

28.“雪龙”号（“雪龙号”）

把“号”一律放在引号内是不规范的，是否该把“号”放在引号内，应根据运载工具上的实际名称来决定。调查数据显示，此类差错在2018年上半年的报道中经常出现。

运载工具上名称带“号”字的，就把“号”放在引号内。如：“天宫一号”“天舟一号”“复兴号”“探索一号”等。

运载工具上名称不带“号”字的，就把“号”放在引号外。如：“蛟龙”号、“雪龙”号、“雪龙2”号、“天恩”号、“阿波罗11”号、“向阳红10”号、“中远海运巴拿马”号（简称“巴拿马”号）等。当然，不考虑引号的位置，不加引号也是可以的。

（五）数字用法

29. 二〇一八的错误写法

阿拉伯数字0有零和〇两种汉字书写形式。用作编号时，0的汉字书写形式为〇。写作二零一八、二0一八、二O一八都是不对的，尤其是在竖标题中，常把〇错作小写字母o或大写字母O。〇怎么用输入法输入呢？例如，用搜狗输入法输入“ling”就会找到〇。

30. 30几

错例：接下来，我们参观了一个巨型大南瓜，足有车轮大小，宽度也有30几厘米。

根据《出版物上数字用法》，含“几”的概数，应采用汉字数字。值得注意的是，10来个、20多米、30余载等含“来”“多”“余”的概数，可以用阿拉伯数字。

31. 3千

错例：该读本计划发行3千册，将通过村（社区）网格员、普法志愿者分发到群众手中。

3千应改为3000，也可写作三千。除了万、亿单位可采用汉字数字，一般数值不能同时采用阿拉伯数字（3）与汉字数字（千）。

（六）词语的杂糅与生造

32. 融于一炉

错例：杨度的书法从隶书入手，融汉碑和魏碑于一炉。

融于一炉和融……于一炉中的“融”都是不对的，应改为“熔”。融……于一炉杂糅了融为一体和熔于一炉两种固定的说法。使用时应根据句子所表达的具体意思选择使用融为一体或熔于一炉。

33. 和舟共济

错例：团结汇聚更多新的社会阶层人士，和舟共济，同心同行。

和舟共济是和衷共济与同舟共济的杂糅。

34. 义正词严的多种错误用法

错例：在被俘的这段日子里，元军并不是没有用高官利禄劝降，都被他义正言辞地拒绝了。

这也是文图里在《建筑的复杂与矛盾性》一书中义正严辞地反对的要点。

调查显示，义、正、严、词、言、辞这6个字组成的词语大致有8个：义正言词、义正辞言、义正词言、义正严词、义正言辞、义正严辞、义正辞严、义正词严。规范的写法是义正词严。

35. 概莫如此

错例：英雄惜英雄，古往今来概莫如此。

概莫的意思是一概不，那么概莫如此所表达的意思就是一概不如此，显然是把意思表达反了。错例中的概莫如此是概莫能外和莫不如此的杂糅，可改为概莫能外或莫不如此。

36. 低三下气

错例：你若执念于美色，那你从此只能低三下气当孙子，当牛当马做奴隶，最后能否成将军还得看自己的造化。

低三下气是低三下四和低声下气的杂糅，还有一个杂糅是低声下四。

37. 成群结对

错例：每到流鱼出现，沿岸居民就成群结对地赶往黄河岸边，或参观、或捞鱼。

成群结对应为成群结队。对与队不能用混，可以写作成群结队，也可以写作成双成（作）对，但不能写作成群结对。另外，错例中的顿号用法也不妥，或改为逗号，或去掉。

38. 置身度外

错例：高通对中国手机厂商收取专利费，国产手机厂商没有一家可以置身度外。

网络安全事关国家安全、企业发展和员工利益，任何人都不能置之事外、等闲视之。

置身度外、置之事外为置之度外与置身事外的杂糅。应根据句子所表达的意思，选择用置之度外或置身事外。

39. 素昧谋面

错例：影片中，虽然设定众人与姑妈素昧谋面，但黄才伦饰演的男职员黄沧海本就与众人相识，不停地来回切换假扮女性，让人难以信服。

信中，这位素未蒙面的学长鼓励学弟充满自信开始大学生活。

素昧谋面是素昧平生和素未谋面的杂糅。素未蒙面是素未谋面和蒙面的杂糅，应改为素未谋面。

40.唇枪舌战

错例：法庭上，双方各持己见，唇枪舌战，火药味较浓。

在调解期间，项目、承包和农民工代表唇枪舌箭，互不相让。

唇枪舌战为唇枪舌剑与舌战的杂糅。需要注意的是，唇枪舌剑不写作唇枪舌箭。

41.鱼目混杂

错例：在良莠不齐、鱼目混杂的市场环境下，如何选择适合自己的补习学校，则成为了考生的困扰。

鱼目混杂是鱼目混珠与鱼龙混杂的杂糅。

42.鱼龙混珠

错例：但目前市场上打着“全屋定制”旗号的企业鱼龙混珠，服务水平参差不齐，既损害了消费者利益，又制约了行业的健康发展。

鱼龙混珠是鱼目混珠与鱼龙混杂的杂糅。

具体是用鱼目混珠还是鱼龙混杂，应根据句子的意思选择。

（七）字母词

43. Wi-Fi的不规范写法

调查中发现，媒体的用法五花八门，wifi、wi-fi、WIFI、WI-FI、Wifi、Wi-fi、WiFi、Wi-Fi等，也有的在前面加上“无线”二字。从工具书来看，写作Wi-Fi是最规范的，也有的写作WiFi。当然，不管哪种写法，前面带“无线”二字都是多余的。

44. PH值

错例：口腔中的唾液不仅帮助消化，还能保持口腔中的PH值，因此，一般在饭后口腔中感受不到任何异味才是最正常的状态。

pH值即氢离子浓度指数。pH值等于7时，溶液呈中性；pH值大于7时，溶液呈碱性；pH值小于7时，溶液呈酸性。pH不写作PH。

45. APP、App、app

对于这3种写法，大家一定不陌生，在程序软件、新闻报道、科技论文中常见。3种表达都可，但需要在文中统一写法。

（八）引用出错

46.不谋全局者，不足以谋一域

错例：古人云：不谋全局者，不足以谋一域。但凡成功者，一定具有较强的大局意识和宽阔的视野。

“不谋万世者，不足谋一时；不谋全局者，不足谋一域”出自清朝陈澹然《寤言二迁都建藩议》。需要注意，没有“以”。直引时写作“不谋全局者，不足以谋一域；不谋万世者，不足以谋一时”，是不妥的。有些人不验证出处，便冠以“古人云”，你抄我我抄你，最后却是以讹传讹，坏了文风。

47.蠹鱼尔何知

错例：袁枚曾有诗曰：“读书不知味，不如束高阁。蠹鱼尔何如，终日食糟粕。”

袁枚应为费榆村，蠢鱼应为蠹鱼，如应为知，食应为会。袁枚在《随园诗话补遗》中引用了费榆村的诗，不少人误以为作者为袁枚。该诗正确的表述为：“读书不知味，不如束高阁。蠹鱼尔何知，终日会糟粕。”调查中我们发现，很多图书都出现了类似的错误。

48. 暖暖远人村

错例：“暖暖远人村，依依墟里烟。”几十年时光，随烟飘逝了，但童年的炊烟，始终飘浮在我心的天空上。

暖暖应为暧暧。“暧暧远人村”的“暧暧”可解释为昏暗不明、模糊不清（隐隐约约）的样子。“远人村”说明村落相隔很远，所以远远看去显得模糊，隐约可见。“暧”与“暖”两字极其形似，且“暖”字常见，故易受干扰致误。

49. 唯有牺牲多壮志

错例：五十多年的风霜雨雪洗刷着石板字刻的光鲜棱角，却洗刷不去广大劳动人民“唯有牺牲多壮志，敢叫日月换新天”的奋斗风采。

唯应作为，叫应作教。“为有牺牲多壮志，敢教日月换新天”。

出自毛泽东的《七律·到韶山》。为：因为；敢教：能令、能使。这两句的意思是因为太多的壮志才会有牺牲，但我敢令天地翻覆换一副新颜。

50. 旧时王榭堂前燕

错例：不管是“这边走，那边走，莫负杯中酒”，抑或是

“旧时王榭堂前燕，飞入寻常百姓家”，每一种艺术门类从发端地到受众群，述说的大多是人生百态和世事无常……

榭应为谢。“旧时王谢堂前燕”出自刘禹锡的《乌衣巷》。“王谢”指王导、谢安，而“榭”则指建筑在台上的房屋。

51.理论一经群众掌握

错例：马克思说：“理论一经群众掌握，也会变成物质力量。”

群众掌握应为掌握群众。马克思在《〈黑格尔法哲学批判〉导言》中指出：“……理论一经掌握群众，也会变成物质力量。理论只要说服人，就能掌握群众；而理论只要彻底，就能说服人。”从第二句中的“理论只要说服人，就能掌握群众”来看，“掌握群众”是指“理论说服人”。引用时，不能说成“理论一经群众掌握”或“理论一经被群众掌握”。

52.满园春色关不住

错例：南宋龙泉诗人叶绍翁写出了“满园春色关不住，一枝红杏出墙来”的千古名句。

满园春色应为春色满园。“春色满园关不住，一枝红杏出墙来”出自叶绍翁的《游园不值》。

53.山穷水尽疑无路

错例：乡间的小路，弯弯曲曲，放眼望去，路好像到了尽头，可行到近前，峰回路转，又是一个环山路等着我们，正应了陆翁的“山穷水尽疑无路，柳暗花明又一村”。

山穷水尽应为山重水复。“山重水复疑无路”是陆游的名句，写作“山穷水复疑无路”也不对。

54. 要留青白在人间

错例：“粉身碎骨浑不怕，要留青白在人间”，这是指要留下精神，人不是只思虑自己的一辈子，不是真正“赤条条来去无牵挂”。

粉身碎骨应为粉骨碎身，青白应为清白。“粉骨碎身全不怕，要留清白在人间”出自于谦的《石灰吟》。“清白”是形容词，意为纯洁、没有污点。有人写作“留得青白在人间”，也不对。

（九）知识性差错

55. 一轮与一旬

错例：朱××说，她出生于1984年，她丈夫刘××出生于1972年，正好比她大一旬。

错例中的“一旬”用法不准确，应改为“一轮”。关于“旬”与“轮”，常在口语中出现。作为量词时，十岁为一旬，十二岁为一轮。同一属相进行年龄比较时，不用“旬”，而用“轮”。比如：小明和他的爸爸都属狗，今年是他们的本命年，小明12岁，他爸爸36岁，小明比他爸爸小两轮。

56.《穀梁传》中的“穀”不作“榖”“毂”

错例：名从主人原则及其应用名从主人的意思是，事物以主人所称之名为名。出处为《毂梁传·桓公二年》解释《春秋》“大义”的《公羊传》《榖梁传》便都出自子夏的传授。

把穀错作毂和榖应是形似所致。

（十）常见标点符号出错

57. 领属关系不用顿号

错例：第十八届亚洲运动会于2日晚在印度尼西亚雅加达

落幕。来自亚洲45个国家和地区的1.13万名运动员参加了本届亚运会40个大项、465个小项的角逐。

存在领属关系时，词语之间不用顿号。因此例句中的顿号应当去掉。此类错用常发生在与数字有关的句子中。

58.“等等”前误用逗号

错例：贸易战不可避免地对中国经济各个方面带来一定的影响。比如，会影响我对外出口，干扰我国经济增长；冲击部分外向型企业，导致成本增加、订单减少、工人失业等问题；会干扰和破坏我对外技术合作，等等。

“等等”前的逗号应改为分号。句子用顿号时，等等（等）不需要间隔；句子用逗号停顿时，句末的“等等”前加逗号；句子用分号停顿时，句末的“等等”前加分号。

59.“特别是”前误用顿号

错例：中方愿同荷方深化各领域合作，加强投融资、普惠金融合作，为两国企业、特别是中小企业开展合作创造有利条件。

“特别是”前不用顿号，因为两者的关系是递进关系，而不是并列关系。错句中可以将顿号去掉，也可以将顿号改成逗号。

60.“也”前误用顿号

错例：堆满了各种药品，有治疗失眠的片剂、也有缓解疲劳的眼药水。

当并列的词语之间既有顿号又有“以及”“尤其”“或”“与”“及”“也”等连词连接时，连词前不使用顿号。根据句子的意思，或删掉顿号或将顿号改作逗号。

61.表示事件时误用标点

错例：5.12汶川特大地震过去10年了，曾经满目疮痍的震区，如今已经郁郁葱葱。

当用阿拉伯数字表示以月、日为标志的事件或节日时，无论月份是几月，均应在月日之间使用间隔号，而不是小数点，且数字外要加引号。

62.将隐讳号×错作x、X

错例：X连发射一车，X连发射三车，双发导弹拦截正北方向敌机，开火距离XX公里。

×是标点符号的一种，叫作隐讳号或避讳号，用来代替不愿或不便写出来的字，写作字母x、X是不正确的。

63.文章中突然冒出半角标点符号

我们对10家报纸的100个PDF版面进行搜索，有65个版面出现半角标点符号。一是切换输入法造成的，二是复制粘贴造成的。建议作者和编辑养成搜索半角符号的习惯。

（十一）参考文献出错

64.将出版社名字引错

错例：刘珣.对外汉语教育学引论［M］.北京：北京语言大学出版社，2000.

北京语言大学出版社应为北京语言文化大学出版社。

65.出版地与出版社不符

错例：刘文斌.英汉比译研究二十年［M］.北京：中国海洋大学出版社，2012.

北京应为青岛。

66.报纸出版日期和版次格式出错

错例：蒲彦君.夯实对党忠诚的基石［N］.人民日报，2018-9-11（07）.

按照《信息与文献　参考文献著录规则》规定，报纸的出版日期按照“YYYY-MM-DD”格式，用阿拉伯数字著录。因此，9应改为09。

按照《信息与文献　参考文献著录规则》规定，括号内的版次为个位数时，不加0。因此，07应为7。

（十二）校对软件机械替代出错

67.错改为“概率”

例句：救援直升机率先起飞，飞赴灾区。

我们知道，机率的说法是不存在的，校对软件一般会提示改成概率。如果编校人员不加以思考，只按照校对软件提示，机械地将“机率”改作“概率”，句子就变成了“救援直升概率先起飞”。这样的无意识机械替代，很容易成为笑柄。

68.错改为“中华人民共和国成立后”

例句：朱元璋十分相信阴阳五行，而这方面刘基又十分在行，何况刘基又是料事如神的军事家。这就注定了建国后刘基的处境。

如果按照校对软件提示，将全文中的“建国后”一键替换为“中华人民共和国成立后”，这就不是笑话那么简单了，就成了政治性差错。

提醒：校对软件与责任心完美结合效果会更好。

专业类

（十三）军事类

69. 犄角之势

错例：这将与粤北地区的其他兄弟部队构成犄角之势，密切配合，相互策应，在九连山的广阔地带开展游击战争，以吸引、牵制和分散国民党军进攻东江惠、东、宝地区的兵力。

犄角之势应为掎角之势。

70. 全军优秀士官人才奖

错例：……从普通战士到班长、排长，其间任明立过两次三等功，获得全军优秀士官人才奖、全军优秀教练员奖，取得全军快速换弹夹射击第一名的好成绩。

全军优秀士官人才奖是一个不规范的表述！全军优秀士官人才奖应改为全军士官优秀人才奖，但我们认为更规范的表述应为中国人民解放军士官优秀人才奖。

71. 烟幕弹还是烟雾弹

例句：万万没想到的是，这个课目考核却改变了“招数”：往密闭帐篷里扔10枚烟雾弹，待考人员穿好防护服后进到帐篷里，能待够5分钟再出来才算合格。

军事新闻报道中，常见烟幕弹、烟雾弹的说法，规范的叫法是烟幕弹。烟幕弹也称发烟弹。

72.番号　代号　呼号

错例：检查车子发动机情况，在冰雪路面推车，成功帮助被困车辆打着火、重新上路。寒风中，队员们重整行装、精神抖擞地喊着番号再次出发。

番号应为呼号。实际运用中，有人常把番号与代号混淆，也会把番号与呼号用混。

73.县人武部与乡镇武装部

错例：他们针对县武装部与这些大学生平时难见面、政策宣讲难深入的实际，决定紧紧抓住大学生在寒假返乡的最佳时机，展开征兵宣传。

县武装部应为县人武部或县人民武装部。需要注意的是，不能将所有的武装部都改作人武部或人民武装部。下面例句中民勤县人武部的表述没问题，18个乡镇武装部表述也是正确的，不能表述为18个乡镇人武部。近年来，民勤县人武部还组织18个乡镇武装部，依托乡村“青年民兵之家”举办科普讲座……

74.声呐与声纳

错例：在声纳听音训练室，官兵们正紧张进行声纳听音识别训练。

声纳应为声呐。商务印书馆出版的《辞书编纂纪事》写道：1996年公布的《物理学名词》已明确声呐是规范词。遗憾的是，在早期，多数词典将sonar译为声纳，所以现在不少词典里也仍将其译为声纳。应该强调一下，声纳是一个物理量，而声呐则是一种水声设备，两者不能混淆。

75.超声速与超音速

错例：高超音速巡航导弹的飞行高度一般在25千米至40千米之间，防空系统也难以拦截这一高度的高速目标。

超音速应改为超声速。超声速即超过声速（340米/秒）的速度。《现代汉语词典》（第5版）中，超声速也叫超音速，但从《现代汉语词典》（第6版）开始，超音速已成为超声速的旧称。在军事新闻中，应使用规范的超声速。

76.变矩还是变距

错例：在对直升机核心部位进行检查时，发现尾桨变矩拉杆轴承有一个几毫米的痕迹有点异样。

变矩应为变距。变距属于航空科学技术名词。

77.前沿指挥所与一线指挥部

错例：营级党委自主抓建"唱主角"，"一线指挥所"作用更加凸显。

一线指挥所应为前沿指挥所。《军队基层建设纲要》：舰艇支队、航空兵师和旅、团级单位领导机关作为抓基层一线指挥部，必须经常深入基层检查督促、现场办公、上门服务，实行面对面领导。重视加强营级党委班子建设，尊重和支持营一级行使职权，充分发挥前沿指挥所作用。

78.连队要事日志与连队要事日记

错例：……所说的3个本子，是党支部会议记录本、训练教育计划和连队要事日志。

1997年，《内务条令》将《连队要事日志》改为《连队要事日记》。写稿件或文字材料时，一定要按照《内务条令》的表述规范使用。另外，需要注意两点：一是要加书名号，二是《中国人民解放军内务条令（试行）》中《航泊日志》使用的是日志而不是日记。

79.把屯兵错作囤兵

错例：抗战时期，日军占领正太铁路后，在测石站囤兵百余名，修建炮楼碉堡，达到保护铁路畅通，控制该区域的目的。

囤作动词时一般为储存粮食和货物等，而屯兵的意思是驻扎军队。

（十四）体育类

80.兵不血刃

错例：赛会2号种子、塞尔维亚天王德约科维奇当天出战，结果他兵不血刃，以2：0横扫法国选手查迪顺利晋级。

兵不血刃是指尚未实际交战，即已征服敌人。如果双方都参与了比赛，一方轻易取得胜利，就不能叫兵不血刃。另外，2：0应该写作2:0。

81.反戈一击

错例：曾经，即便在逆境之中，德国队也有他们站出来，用咆哮和怒吼以及坚强的意志带领球队反戈一击。

反戈一击不等于反击。

82.斩获误作崭获

错例：乙组女子跳高决赛，我市选手孙畅崭获金牌。

崭获一词不存在，应为斩获。体育新闻报道中这个差错“出镜率”很高。

83.争夺冠亚军

错例：在冠亚军争夺中，全胜战绩打进决赛的荷兰队以5:1轻取澳大利亚队。

当形容只有两个队的比赛时，“争夺冠亚军”就是搭配不当，“争夺”的是“冠军”而不是“冠亚军”。从调查数据看，在体育新闻报道中，一些中央级媒体也常出现此类差错。

（十五）法律类

84.《反国家分裂法》表述错误

错例：为了纪念这一重要日子，激发全民爱国热情，他们开展《国家安全法》《反国家分裂法》《兵役法》普法宣传活动，让法治观念深入人心。

调查发现，有8家报社和5家出版社把《反分裂国家法》的正确写法搞错了，实在不应该！《反国家分裂法》应为《反分裂国家法》。这部法全称只有6个字，不能写作《中华人民共和国反分裂国家法》。

85.法律中的“条”不用阿拉伯数字

错例：当事人在红领巾和小黄帽上印制商业广告并在校园内发放，其行为违反了《中华人民共和国广告法》第3条、第9条、第10条、第39条的规定。

在中国现行法律中，没有一部“法”中的“第×条”是用阿拉伯数字的。《中华人民共和国立法法》第六十一条规定：编、章、节、条的序号用中文数字依次表述。

86.法人、法定代表人、法人代表

错例：龙口一家民营银行工作人员发现，当地某某皮业公司1000万元的贷款即将到期，公司法人于小立申请贷款延期。

7月16日，阿里巴巴中国网络技术有限公司法人代表发生变更，阿里巴巴集团CEO张勇不再担任，转而由阿里巴巴创始人之一的戴珊出任。值得注意的是，历次阿里巴巴首席执行官换帅，其法人代表都会随之发生变更。

错例中的法人、法人代表应改为法定代表人。

法人不是人，是组织。

法定代表人是代表法人行使职权的负责人。

法定代表人不能简称为法人。

87.侦查与侦察

错例：县公安局刑事侦察科的警察们正在紧张地勘察现场。

他要求警方及时立案侦察，将谭某游抓获归案，避免他人再上当受骗。

侦察应为侦查。侦查与侦察在一些出版物中常被用混。

侦查：公安机关、国家安全机关和检察机关在刑事案件中，为了确定犯罪事实和证实犯罪嫌疑人、报告人确实有罪而进行调查及采取有关的强制措施。例如：侦查案情，立案侦查。

侦察：为了弄清敌情、地形及其他有关作战的情况而进行活动。例如：侦察兵、侦察员、火力侦察、侦察飞行。

侦查常用于公安、检察、司法部门，侧重调查和检查；侦察常用于军事领域，侧重观察和察看，在词义和用法上都有区别。

（十六）金融类

88.一只股票还是一支股票

错例：据公安机关介绍，2012年至2015年间，犯罪嫌疑人唐某等人先后利用资金优势、持股优势操纵10余支股票……

《现代汉语词典》（第7版）用“只”。在逆市、探低、填权、涨停板、坐庄等词条都出现了×只股票。“一只股票”的说法源于上海方言，上海有中国第一个证券交易所，有新中国第一张以提供权威证券资讯为主的报纸《上海证券报》，有新中国第一只公开发行的股票——飞乐音响。因此，一些反映证券方面的语言现象先在上海出现，然后流行开来。因此，一“只”股票的说法才是合理的。

（十七）医学类

89.粘连错作黏连

错例：肩周炎又叫冻结肩，它主要的表现还是肩关节周围软组织的黏连。黏连就是活动不开，疼痛有持续性，而且夜间疼痛比较多，这个疼痛是越来越重的。

现代医学上，粘连特指体内的黏膜或浆膜由于发炎而粘在一起。

90. 5处差错

错例：如无禁忌症，立即口服阿斯匹林300毫克，一旦心脏突然骤停，应立即人工呼吸和胸外心脏按压进行心肺复苏。

除把禁忌证错作禁忌症外，该例还有几个问题：一是阿斯匹林应为阿司匹林；二是突然骤停中的突然与骤重复；三是骤停的不是心脏，而是心搏，医学上的专业术语是心脏停搏（心搏停止）和心搏骤停；四是“应立即人工呼吸和胸外心脏按压进行心肺复苏”一句是病句。

91. 把痉挛错作痉挛

错例：睡眠不足亦可造成结肠蠕动失常或痉挛性收缩，导致便秘。

（十八）化学类

92. 泄漏错作泄露

错例：电影《侏罗纪世界2》中有一个场景：毒气泄露，很多恐龙被关在车库内，不开库门必死无疑，打开库门则意味着很多人会被恐龙袭击而丧命。

凡是液体、气体等的漏出，应当使用“泄漏”。

93. 己烷错作已烷

错例：氨甲环酸到底是什么东西？它又名凝血酸，化学名为反–4–氨甲基环已烷甲酸。

已烷应为己烷。根据习惯命名法，碳原子数目为1到10个的用天干名称甲、乙、丙、丁、戊、己、庚、辛、壬、癸表示。

2019年就是己亥年，不要写作已亥年。

94. CO错作C0

错例：四是尾气排放较汽油可减少约55%，其HC、NO、C0的排放分别比汽油降低68.4%、45.7%、50.5%。

CO，指一氧化碳的分子式，由一个氧原子与一个碳原子通过共价键连接而成。O不写作阿拉伯数字0。

95. μg错作ug

错例：可吸入颗粒物（PM10）月均浓度为92ug/m^3，与上年同期相比上升10.8%。

车间起码需要十万级的无尘标准，即“每立方米空气中直径大于等于0.5um的灰尘粒的数量不多于十万”。

上面错例中，ug应为μg，um应为μm。微克的符号是μg，微米的符号是μm。

（十九）物理类

96.阈值错作阀值、阈值、阑值

近日，某通信运营商在广告中，把“阈值”误作“阀值”。

原本不存在的“阀值”“阙值”“阑值”常出现在权威学术期刊和论文中。阈（yù）值又称临界值，指一个效应能够产生的最低值或最高值。阈值不是新词，广泛应用于建筑学、生物学、化学、心理学等科学领域。遗憾的是，目前工具书没有收录该词语。一些作者习非成是，把“阈值”写作“阀值”“阙值”“阑值”均是错误的。在此，我们建议各种语言文字工具书修订时能收录该词条。

97.无级变速器错作无极变速器

错例：整个团队一直坚持、坚守，花了整整10年的时间才打磨出了这款CVT链条，实现了我国汽车无极变速器链条关键零部件的产业化开发。

在汽车广告中，我们常听到“无级变速”一说。目前，国内市场上采用CVT（无级变速器）的车型已经越来越多。然而，很多媒体包括一些汽车商家都错写为“无极变速器”。可以说，“无极变速器”的说法是无稽之谈。

相关规范

（二十）特定表述的规范

98.我国社会主要矛盾的表达问题

错例：党的十九大报告指出，我国社会主要矛盾已转化为人民日益增长的美好生活需要与不平衡不充分的发展之间的矛盾。

“与”应改为“和”。

99.政治名词的提法不可添字

错例：在政党制度方面，中国坚持中国共产党领导下的多党合作和政治协商制度，中国共产党发挥领导核心作用。

政治名词的提法不可添字、漏字！这个“下”字多余。1993年召开的第八届全国人民代表大会第一次会议，将“中国共产党领导的多党合作和政治协商制度将长期存在和发展”载入《中华人民共和国宪法》，至今仍是如此表述。

100.注意“全面建成小康社会”的不规范表述

错例：强化担当，主动作为，做细做实扫黑除恶专项斗争各项工作，为促进社会和谐稳定、建成全面小康社会作出应有的贡献。

“全面建成小康社会”不要错写成“建成全面小康社会”，也不能简写为“全面建成小康”“建成小康”。

101.打铁还需自身硬与打铁必须自身硬

例句：“打铁还需自身硬”，正人必先正己。抓作风再整顿，领导带头是带动广大干部深入转变作风的无形力量。

建议将“打铁还需自身硬”改为“打铁必须自身硬”。党的十九大报告中将“还需”变成“必须”，两字之变，语气更重、力度更强、要求更明，彰显我们党全面从严治党、赢得党心民心的自信和坚定，昭示了我们党全面加强党的领导、全面从严管党治党的坚定决心。

（二十一）地名的规范书写

102.括号内为不规范书写形式

武侯祠（武候祠）神农架（神龙架）番禺区（番禹区）

井冈山（井岗山）株洲市（株州市）郴州市（郴洲市）

黄浦江（黄埔江）阜成门（阜城门）菏泽市（荷泽市）

哈密市（哈蜜市）灵璧县（灵壁县）息烽县（息峰县）

井陉县（井径县）颍上县（颖上县）休斯敦（休斯顿）

江西吉安县（浙江吉安县）浙江安吉县（江西安吉县）

开普敦（开普顿）苏黎世（苏黎士）波士顿（波斯顿）

新潟（新泻）曲麻莱县（曲玛莱县）

巴颜喀拉山脉（巴颜喀喇山脉）

喀喇昆仑山脉（喀拉昆仑山脉）

103.更名须注意

比如：

南坪县更名为九寨沟县

崇安县更名为武夷山市

襄樊市更名为襄阳市

苍山县更名为兰陵县

104.撤县设市要注意

比如：

2017年撤销神木县，设立县级神木市，由陕西省直辖，榆林市代管。

2018年撤销荔浦县，设立县级荔浦市，荔浦市由广西壮族自治区直辖，桂林市代管。

2018年撤销邹平县，设立县级邹平市，由山东省直辖，滨州市代管。

2018年以来，陕西彬县、江苏海安县、湖北京山县、黑龙江漠河县、山西怀仁县、贵州兴仁县、安徽潜山县等“撤县设市”先后获批。

撰写新闻稿件时，一定要弄清楚，否则就容易出洋相。

105.县级市改为市辖区

比如：

武隆县改为武隆区

萧山市改为萧山区

潞城市改为潞城区

（二十二）人名的规范书写

106.括号内为不规范书写形式

钱镠（钱缪）范雎（范睢）傅里叶（傅立叶）

颍考叔（颖考叔）方孝孺（方孝儒）夏丏尊（夏丐尊）

韩复榘（韩复渠）施蛰存（施蜇存）笛卡儿（笛卡尔）

斯蒂芬·霍金（史提芬霍金）欧几里得（欧几里德）

107.周鸿伟

错例：对此，360集团创始人周鸿伟颇有感慨地说：“我感觉到了政府对企业家的尊重，对企业家成为推动西安经济主体的渴望。”

周鸿祎（yī），现为中国互联网安全企业360集团创始人兼CEO，他的名字经常被误读，也经常被误写为周鸿伟、周鸿韦、周鸿炜、周鸿玮。

108.赵孟頫（见140）

（二十三）相关表述的规范

109.白罗斯还是白俄罗斯

白俄罗斯共和国驻华大使馆3月16日发布声明，要求将中文国名“白俄罗斯”改为“白罗斯”。随后一些媒体在使用时也改为“白罗斯”。

没有收到上级相关宣传部门的有关规定或通知，各级媒体使用“白俄罗斯”才是正确的！仅仅依据其驻华大使馆的解释作为使用“白罗斯”的依据，是没有说服力的！国家主席习近平6月10日在青岛会见白俄罗斯总统卢卡申科，通稿写道：习近平强调，中国视白俄罗斯为共建“一带一路”的重要合作伙伴，赞赏白方积极参与。

110.九百六十多万平方公里

站立在九百六十多万平方公里的广袤土地上……党的十九大报告中有一个“多”字。调查中我们发现，不少稿件漏掉了“多”，也有的误作“九百六十万多平方公里”。

111.五千多年

中华民族有五千多年的文明历史……党的十九大报告中有一个“多”字。调查中我们发现，不少稿件漏掉了“多”字。

（二十四）国务院部门的规范称呼

112.有些部门不加“国家”二字

带“国家”二字的有“中华人民共和国国家发展和改革委员会”“中华人民共和国国家民族事务委员会”“中华人民共和国国家安全部”“中华人民共和国国家卫生健康委员会”等四

个。而中华人民共和国教育部、中华人民共和国民政部、中华人民共和国财政部、中华人民共和国水利部、中华人民共和国商务部、中华人民共和国科技部、中华人民共和国外交部等，无论是全称还是简称都不应加“国家”二字。

113.沿用旧称呼

有些媒体忽视新组建部门，仍沿用旧称呼，这个问题必须引起重视。如文化部、农业部、环保部已成为过去时，新的叫法为文化和旅游部、农业农村部、生态环境部。

114.将交通运输部错作交通部

错例：9月27日，交通部召开9月例行新闻发布会。

交通部应为交通运输部。中华人民共和国交通运输部的简称为交通运输部，不是交通部也不是运输部。

生活中

（二十五）输入法打不出的字

调查中我们发现，有的差错是因为输入法打不出来而导致的。有3个字在实际应用时，只能造字。在此，我们建议各种输入法能及时收录这3个字。

115.蘋

错例：

风起于青萍之末

风起于青苹之末

风起于青蘋之末

写作萍、苹、蘋是错误的，正确的写法是𬞟。

116. 𫖯

错例：近日，一部清宫剧的热播令赵孟頫的名作《鹊华秋色图》热度直上。

写作頫是不规范的。在2013年发布的《通用规范汉字表》的“三级字表”中，收录类推简化的𫖯，可用于姓氏人名，如赵孟𫖯。如果规定与输入法没有很好地统一，将会给编校工作带来很大的麻烦。

117. 㞞

错例：编导在相应的环境营造、条件预设和人设配套方面下了不少功夫，形成情节的可能性和合理性。剧中的日军头目都不是怂包笨蛋，铃木、侯藤、小野等智商并不低下。

怂与㞞声调不同，词性不同。怂之错，也是因为输入法，写作繁体的𡳐也是不对的，正确的写法是㞞。犯怂、怂包、认怂、怂了、酒壮怂人胆中的“怂”均应写作㞞。

精选留言

黄金九百分：

这是一本实用型的经典手册，一旦拥有，可以减少错误，提高文章质量。

第四辑

版权保护技巧

心塞！2000字仅判赔200元！版权维权5个坑要避

本文首发于2022年4月26日

作者：刘娟

一篇2119字的新闻作品，法院判赔200元。

这你敢信？

2022年4月18日，中国经济传媒协会版权分会秘书处收到一份判决书，判决内容显示，厦门某公司未经授权转载某行业媒体一篇2119字的新闻作品，法院认定上述公司侵犯该行业媒体的著作权，判决上述公司赔偿该行业报经济损失200元。而该行业报的诉求是请求法院判决侵权方赔偿经济损失9000元。

拿到判决书后，上述公司拒绝后续和谈，表示：按这标准，法院判一篇我赔一篇。

2000余字的文章判赔200元的依据是什么？给主流媒体著

作权维权带来哪些前车之鉴?

在第22个世界知识产权日来临之际，传媒茶话会对话中国经济传媒协会版权分会秘书长邹韧，北京京师律师事务所律师王辉，上海文飞永律师事务所创始合伙人高飞，为主流媒体维权支招。

2119字判赔200元，依据是什么?

“这个判赔标准让原本就艰难的著作权维权雪上加霜，伤害了权利人维权的信心。”

拿到法院判决书后，中国经济传媒协会版权分会秘书长邹韧发出了这样的感慨。

中国经济传媒协会版权分会（以下简称“版权分会”），以自律为基础、维权为手段、合作为目的，旨在把各主流媒体联合起来，共同抵制未经授权擅自转载新闻作品的侵权行为。版权分会运用区块链技术，为成员单位提供原创认证、存证取证、自主交易等服务。成立三年来，版权分会一直致力于帮助传统媒体维护原创作品的版权。

2021年6月1日，新《著作权法》正式实施，强化了新闻作品的著作权保护、提高了判赔标准。版权分会各成员单位对此抱有很强的期待，大家一致认为这是国家从法律层面上为著作权人撑腰。

但这次著作权纠纷的判决，却如一盆冷水将版权分会的维权热情从头淋到脚。

“这篇新闻报道全文2119字，从证据保全到最终收到一审判决，历时8个月，共有4人为该案付出了辛勤劳动。但最后判赔200元让人有苦难言。”邹韧说。

既然如此，判赔标准是如何得出的？

法院判决书是这样解释的：“本案中，在案证据，虽不能证明原告因此受到实际损失或者被告的违法所得，但原告提交的证据显示有其自行设置的授权费用，因此，本院将参照该授权费用确定被告赔偿原告经济损失的数额。”

令版权分会更为焦心的是，上述企业共转载了该行业报117篇报道，单篇字数在800—5000字不等，由于法院要求单篇立案，且对立案数量有限制，因此权利人只立了一篇，期待以法院的判决为基础，能与侵权单位达成后续和解。但目前这个判赔标准，将直接影响后续文章的赔偿标准，可以说权利人是赢了官司输了钱。

版权分会的担心并非没有道理，判决书下发后，上述企业表示，不会和解，法院判一例，赔偿一例。

授权转载费用能作为权利人实际损失的参考吗？

其实，本案的争议焦点在于，媒体自行设置的授权转载费用能作为权利人实际损失的参考吗？

这还得回到《著作权法》本身来看。

《著作权法》第五十四条规定：侵犯著作权或者与著作权有关的权利的，侵权人应当按照权利人因此受到的实际损失或者侵权人的违法所得给予赔偿；权利人的实际损失或者侵权人的违法所得难以计算的，可以参照该权利使用费给予赔偿。对故意侵犯著作权或者与著作权有关的权利，情节严重的，可以在按照上述方法确定数额的一倍以上五倍以下给予赔偿。

权利人的实际损失、侵权人的违法所得、权利使用费难以计算的，由人民法院根据侵权行为的情节，判决给予五百元以上五百万元以下的赔偿。赔偿数额还应当包括权利人为制止侵权行为所支付的合理开支。

高飞告诉传媒茶话会，法院确定判赔金额是有先后顺序的，如果能够确定权利人实际损失或侵权人的违法所得，则按照实际损失或违法所得判赔；如果无法确定实际损失或违法所得，则参照权利使用费判赔；如果实际损失或违法所得不能确定，也没有权利使用费可以参照，才可以适用法定赔偿，赔偿金额不低于500元。

在此案中，该行业报社的授权转载费用属于权利人单方向社会公众进行的价格公示，任何人转载该行业报的文章只需要支付200元/篇即可。

“换句话说，转载该篇文章付费的情况下，权利人可正常获得200元；而未付费时，权利人少收了200元。所以，法院判决参照该价格确定判赔金额。”高飞进一步解释道。

“转载授权费可以作为损失的参考标准，但不应该是唯一标准。”王辉提出了不一样的观点。

“一个好的判决应当具备两点，既要对权利人进行权益保障，也要对侵权人予以相应的处罚；同时，还要考虑到社会影响，考虑判决对行业发展所产生的影响。”王辉认为，如果这个判例公之于众，而且被很多的作品使用人看到侵权也是赔偿200元，授权也是200元，在侥幸心理的促使下，还有多少人在转载前会经过权利人授权呢？著作权的保护又从何谈起呢？

“近年来，国家一直在提倡要加大知识产权的保障力度，同时，在相关的规定里面也对判赔金额进行了适当的提高，但我们也应该看到现在同类的案件，尤其是单篇文章的侵权案件中判赔金额仍然比较偏低，单篇的最低赔偿费三四百、四五百的可以说是比比皆是。这样一种情况的存在，不单使权利人难以维护自己的合法权益，难以使自己的损失得到相应的赔偿。同时，还损害了权利人维权的积极性，甚至还助长了侵权现象的蔓延。”王辉表达了对这个判例可能产生的后续影响的担忧。

给主流媒体维权哪些启示？

通过对几百起著作权案件的判决书分析，高飞大概总结出了几家法院大致的判赔标准：上海法院综合判赔标准大概每千字500至1000元，广州互联网法院综合判赔标准大概在每千字500元，杭州互联网法院综合判赔的标准大概在每千字300元，北京互联网法院大概每篇文章800至1300元。

“具体判赔金额会受到媒体影响力、文章质量和字数以及法官个人判断等多种因素影响。特别是这两年受疫情影响旅游行业、房地产行业、互联网金融等各行各业均遇到了巨大的经济滑坡，相应地，法院判赔金额也在逐渐走低。”高飞透露。

同时，也有律师指出，除了参照权利人自行设置的转载授权费用，还会参考侵权持续时间。

那么媒体应该如何应对呢，如何争取到更合理的赔偿？

“索赔过程中，要加大损害后果证据的收集和整理力度，要以裁量性赔偿为主要依据，而尽量避免简单适用法定赔偿。”邹韧告诉传媒茶话会，在这种情况下，只有加强对损害后果、侵权人侵权获利、侵权人主观恶意各方面的举证，才可能会收到意想不到的效果。

关于加大损害后果的证据收集和整理力度，媒体可以尝试做以下几点：

第一，主流媒体在自行设置转载授权使用费时，可以参考当地法院既有的一些判赔标准，或者参考《著作权法》，将最低转载授权标准设置为500元/篇。

在此案中，该主流媒体就吃了转载授权费用设置太低的亏。

“这个案件的判决给版权分会及各成员单位敲响了警钟，现在各成员单位基本完成了转企转制，都是自负盈亏，所有的稿件都是报社付出人力、物力、财力完成的，之所以把公示的授权使用价格定在200元，主要是基于版权分会一直倡导大家要共同规范新闻作品网络转载秩序，逐渐培养大家的版权保护意识，因此建议大家尽量将授权使用价格定得低一些。没想到给侵权者钻了空子。”

第二，主流媒体在授权时，注意设置授权期限，比如500元/年。

2021年，北京互联网法院已有相关判例。

在（2021）京0491民初7637号判决书中，北京互联网法院认为，“根据原告从作者处获得包括信息网络传播权在内的多项权利的数字版权专有使用权、转授权等五年的权利使用费用为1000元，本院认为就信息网络传播权单项权利的普通许可使用不超过200元每年，自被告京东公司与成都万有公司协议约定的2019年1月1日起至2021年4月2日本案第一次开庭前下架，侵权期间已满两年，不满三年。本案中，原告未能提交证据证明其经济损失及被告公司获得的违法所得，因此参照许可使用费用，被告京东公司应赔偿原告经济损失600元”。

可见，即便以权利人授权转载费用作为判赔标准，法院在认定权利人损失时也并非单纯只依据许可费用，同时还会参考侵权持续时间等方面因素。所以，主流媒体一定要注意设置授权期限。

第三，如果文章没有设置授权转载费用，那么需要收集有效且已经履行的有合理的较高许可费用记载的授权许可合同或者同类作品转让合同、行业协会等第三方相同或同类作品稿酬奖励情况、付费阅读作品的相关文章发表的价格及利润的证据。

第四，收集并提供侵权方转发打赏等直接收益、侵权方利用转发复制行为获得其他商业利益证据（如侵权方为销售基金产品的相关主体，其转发财经媒体专业文章用以吸引基金客户的相关证据）。

第五，加强收集侵权人主观恶意侵权的证据。比如，在明确警告不得侵权后仍再次侵权，多次侵权、持续侵权，毫无原创就是以复制转发等侵权行为为业务等方面的证据。

邹韧表示，吃一堑长一智，未来版权分会将调整维权思路，进一步完善维权流程。无论维权的路有多艰难，版权分会为主流媒体保护版权的决心和态度始终不会改变。

精选留言

汪威：

想起了当年音乐版权无序的时代，网上歌曲随便下载。期待媒体版权早日如音乐版权一样走上规范之路！

媒体人请注意：很多时候你可能也在侵犯他人版权

本文首发于2018年5月15日

作者：刘娟

改稿、短编他人稿件，向外投稿，配图不适宜，署名随意带通讯员、实习生，背后可能都潜藏着版权纠纷。

在积极进行版权保护的同时，媒体人知道吗？很多时候你自己可能也在侵犯版权！

为此，传媒茶话会对话宁波日报报业集团版权负责人景致、原创宝法务焦阳。

未经著作权人允许，改稿、洗稿或短编算侵权！

如今，不少商业媒体和自媒体侵权方式越来越隐蔽，除了在技术层面躲避监督，另外，通过对原创内容进行改编等方式进行侵权的行为屡见不鲜。

“未经著作权人允许，改稿、洗稿或短编等行为侵犯了著作权人的署名权、修改权、保护作品完整权等三项权利。”宁波日报报业集团版权负责人景致告诉传媒茶话会。

何为著作权人的署名权、修改权和保护作品的完整权？

《著作权法》第二章第十条给出了回答：

署名权，即表明作者身份，在作品上署名的权利；

修改权，即修改或者授权他人修改作品的权利；

保护作品完整权，即保护作品不受歪曲、篡改的权利。

在现实中，因为改稿、洗稿或短编著作权人稿件而被要求赔偿的已有法院的判例。

2014年下半年，《新京报》版权授权方派博在线起诉中国移动手机报的制作发行方咪咕数字传媒称：咪咕公司在其运营的增值服务“中国移动手机报”上侵权了《新京报》的文章——《艾滋男童的校园新世界》。要求咪咕公司赔偿104712元。

咪咕公司称：《新京报》文章属时事新闻，没禁止转载，咪咕公司属合理使用；咪咕公司在1700字的文章中摘编了230字，派博索赔过高。

2015年8月，北京市东城区人民法院判决：咪咕公司赔偿派博公司经济损失三百元及合理支出一千五百元。后咪咕不服，向北京市高级人民法院提起诉讼，北京市高级人民法院20多页的判决书从各个方面进行了解释，终审裁定一审判决合理，维持原判。

由此可见，未经著作权人允许，短编、改稿、洗稿行为均属于侵犯他人著作权。

除了法院的判例，在制度层面上，关于转载也在日渐规范。

2015年4月22日，国家版权局办公厅发布《关于规范网络转载版权秩序的通知》提到：

互联网媒体转载他人作品，不得对作品内容进行实质性修改；同时，《著作权法》第五条所称时事新闻，是指通过报纸、期刊、广播电台、电视台等媒体报道的单纯事实消息，该单纯事实消息不受《著作权法》保护。但凡包含了著作权人所独创性的劳动的消息、通讯、特写等作品均不属于单纯事实消息，互联网转载时，必须经过著作权人许可并支付报酬。

“单纯的事实消息，是指只报道一件事情发生的过程、时间、地点和人物，不表示报道人的观点的消息，传播单纯事实消息可采用报纸、刊物、电视、广播等大众传播媒介传播，其手段可以是文字，也可以是照片等。”

“简单一句话，那些用短删或洗稿等手段侵犯我们著作权的，判断标准就是该作品是否属于非用不可的新闻，否则不管如何改变，都是侵犯我们版权的行为。”景致告诉传媒茶话会，媒体的编辑需要注意，在使用他人作品时也要考虑是否存在短删、洗稿等涉嫌侵权他人著作权的行为。

采编人员向外投稿、开号或侵犯报社著作权权益

采编人员向外投稿或开号，侵犯报社著作权权益吗？媒

体、法律人士和法学专家如何看？

“采编人员未经单位同意，向外投稿并收取稿费或开微信号、头条号等行为，实质上很有可能侵犯了报社享有的著作权权益。单位有权禁止其投稿或开设与职业相关的微博、微信公众号等，并可向其主张相应权利。”景致告诉传媒茶话会，记者的采访权是有出版许可证的媒体独有的权利，这一权利首先归于媒体并由媒体安排给记者执行。因此，记者未经单位允许，擅自向外投稿或开各类新媒体号，实质上侵犯了报社的著作权权益。

景致透露，2013年，某报处境艰难，一些记者纷纷向外投稿，或利用职务之便开设微信公众号和其他自媒体号，在与多位记者协商未果之后，该报向当地仲裁委提起诉讼，请求解除报社与相关记者的劳动合同，并要求记者赔偿损失。后来由于该报解散而没有进展。

原创宝法务焦阳告诉传媒茶话会，如果事先在记者入职时，劳动合同中明确表示著作权归属单位，那么记者侵犯报社享有的著作权权益有两种情况：一是记者向外投稿或自己开设的自媒体号上发表的内容是利用单位条件或者与其本职工作有关；二是记者未经单位同意擅自在其他平台发布在单位已经发表的文章。

对此，中国政法大学知识产权学院教授翟远见认为，按《著作权法》，记者独立享有发表权、署名权、修改权、保护作品完整权。但该法第二章第三节第十一条规定：由法人或其他组织承担责任的作品，法人或其他组织视为作者。第十六条：

公民为完成法人或者其他组织工作任务所创作的作品是职务作品，法人或者其他组织有权在其业务范围内优先使用。作品完成两年内，未经单位同意，作者不得许可第三人以与单位相同的方式使用该作品。

作品署名随意带通讯员、实习生，版权将可能被分享

“作品的署名权不可随意，一些记者有带通讯员、实习生署名的习惯。一旦共同署名，版权保护期间的权利都要与署名者分享。”景致告诉传媒茶话会。

2007年底，某报原实习生起诉该报，称在2006年10月至2007年2月在该报实习期间，与记者一起采写了15篇文字作品，该报社向记者支付了3266.25元稿酬，但他未获报酬，要求被告付酬3万元。

被告报社辩称，该15篇作品是该报记者的职务作品。原告只是这些作品的挂名作者。而被告已就这15篇作品向两名记者支付了报酬，故原告诉求无事实依据。

当地法院经审理认为，根据最高法《关于审理著作权民事纠纷案件适用法律若干问题的解释》的规定，在作品或者制品上署名的自然人、法人或者其他组织视为著作权和与著作权有关权益的权利人。原告诉请的15篇文字作品都署有记者和实习生名字，被告无足够证据证明该作品系记者单独创作，故应认定15篇作品系记者与实习生的合作作品，著作权应由合作作者共享。

同时,《著作权法》规定,公民为完成法人或者其他组织工作任务所创作的作品是职务作品。原告虽未与该报社建立正式工作关系,但实习期间,原告实际行使了报社工作人员的工作职责而被该报刊登,两者行为之间存在实际联系,属于劳动力的转化和利用,可以确定原告属于被告特定形式的工作人员。符合职务作品的主要法律特征应视为职务作品。被告应向职务行为人付酬。被告应承担赔偿损失的民事责任。最后法院判令被告赔偿原告经济损失2485元。

景致表示,目前,实习生与单位的法律关系很多报社都没有引起重视,一旦发生纠纷,媒体会十分被动。

他同时建议,作品的署名权不可随意,记者随意带通讯员署名可能会给主张权利带来很大隐患。从《著作权法》看:作品一般拥有发表权、署名权、修改权、保护作品完整权、复制权、发行权、出租权、展览权、表演权、放映权、广播权、信息网络传播权、摄制权、改编权、翻译权、汇编权和应当由著作权人享有的其他权利共17项权利。著作权人可以许可、转让他人行使第五项至第十七项规定的权利,并依照约定或有关规定获得报酬。若随意署名,权利人所享有的权利都要与署名者分享!

记者和编辑、美编、评论员都有其权利界限,配图不当可能引发纠纷!

近年来,随着从业人员对于版权保护意识的增强,使用他人图片作为文章配图须经图片权利人授权，已经成了共识。但是，为文章、书籍配图还需要得到文章、书籍的权利人同意，往往被媒体从业人员所忽视。

“记者和编辑、美编、评论员都有其权利界限，配合默契对文字或版式会起到强化效果，配合不默契可能引发读者或粉丝误会，有损原作影响力，严重者可能带来著作权或改编、汇编权的纠纷。”景致告诉传媒茶话会。

冰心先生著作权继承人起诉某出版社的《小桔灯》（美绘本选集）一书配图案。原告认为该书封面举着小桔灯的小姑娘“脸庞圆润、扎长辫、穿花袄、着白袜”形象，与冰心《小桔灯》文中“瘦瘦的苍白的脸，冻得发紫的嘴唇，头发很短，穿一身很破旧的衣裤，光脚穿一双草鞋”的描述不符。

此外，继承人还认为，改版图书内文各篇文章配图风格怪异，有违冰心先生的本意。出版社则认为其出版前已获权利人许可，没修改原作文字，配图是出版社在文字之外的安排，与文字作品权利人无关。

“此案实质涉及配图的法律性质。文字作品配图目的在于用图片的视觉效果，来说明、补充或者增强文字所表达的意境或形象。因此，从《著作权法》上说，为文字作品配图，应当落入对文字作品的‘修改’范畴。”景致告诉传媒茶话会，是否修改及如何修改，《著作权法》明确规定归原作者。修改权即修改或者授权他人修改作品的权利，其保护期不受限制；作者死亡后，其著作修改权由继承人或受遗赠人保护。报社、期刊社对作品的修改、删节应获得合法许可。

图片、视频、字体侵权赔偿又丢面儿，防侵权手册来啦

本文首发于2021年4月26日

作者：李磊

近些年，未经授权使用他人的文章、图片、短视频等引发版权侵权的案例有很多。一些媒体、公司还因此吃过大亏。

有的因为一张图片被图片公司索赔几千元，也有因为字体侵权被判“7个字赔偿14万元”。

媒体该如何避免侵犯版权？

这些行为会掉到版权侵权的坑里

近几年，版权侵权案件高发！

来看一组数据：

自2018年建院以来，北京互联网法院著作权案件的年收案量一直维持在3万件左右。涉网版权案件纠纷呈现案件数量持续高发，侵权行为多发态势。

“随着网络技术的不断发展，对于图片、字体、短视频的挪用易如反掌。很多人甚至意识不到自己正在实施侵权行为。”北京市中闻律师事务所合伙人赵虎指出。

中国人民大学民商事法科学研究中心副主任赵虎，中国法学会知识产权法学研究会副秘书长姚欢庆，北京卓纬律师事务所知识产权部主管合伙人、律师孙志峰列举了在图片、短视频、字体使用中，容易导致侵权的行为。

一、图片侵权

1.未经授权使用他人图片作品作为配图或直接发布图集。

2.将他人图片作品简单修改后形成的新的图形、图案，进行使用、发表。

3.转载他人摄影作品或美术作品，但附上来源及作者姓名。

举一个例子：

2016年，在侯某诉中国兰州网侵害作品信息网络传播权纠纷系列案中，中国兰州网未经授权使用了22幅被诉图片，虽标明了“稿源：腾讯图片”，保留了腾讯网上的图片、文字简介及作者的署名，但也被法院认定构成侵权，被判赔偿原告侯某经济损失3万元。

4.转载他人文章时，未经授权使用文章中的图片。

5.擅自使用新闻图片。

孙志峰认为，新闻图片即便是基于新闻报道特定语境下制作完成，也极有可能属于表达摄影者独特视角的摄影作品。摄影作品本身不构成时事新闻，转载和使用除非有法定和约定的免责事由，否则就会承担相应的侵权责任。

二、短视频以及音频侵权

1.直接使用他人的视听作品在自己的媒体账号中发布。

2.对他人的视听作品进行剪辑、编辑等再发布。

3.使用他人短视频作品中的创意表达，比如“同哏”“段子”也可能侵犯他人著作权。

赵虎指出，“哏”属于思想范畴，不受《著作权法》保护。所以，在搞笑类短视频中使用他人的“哏”其实是没问题的。但如果使用的不仅仅是“哏”，还有“哏”的具体表演方式，则可能侵权。

4.短视频中的背景音乐、图片等侵权。

很多创作者在短视频制作与传播时为了丰富视听效果，会加入背景音乐、图片、漫画等，但未经权利人授权也可能侵权。

2019年7月，Papi酱旗下一自媒体账号的短视频因为配乐未获权利人许可，并用于商业推广目的，被北京某音乐文化公司告上了法庭，原告要求该自媒体账号停止传播该短视频，并赔偿25万余元。

三、字体侵权

根据我国《著作权法实施条例》规定，对于具有独创性和审美意义的字体单字，可以作为美术作品获得著作权保护。

1.未经授权使用享有著作权的字体。

媒体将他人享有著作权且尚在保护期限的字体，用于广告、版面设计，作为背景图、附图、主图使用可能侵权。

“某政府机关的抖音政务号在视频中使用‘华康海报体’字体后，收到华康公司的侵权协商函。”赵虎举例指出，对于官方自媒体账号发布的内容，如果未经授权使用字库的字体，机构用户也不能免责。

2.免费字体商用。

姚欢庆讲道，字体公司往往在网络上就非商业性的使用提供免费授权，但很多主体利用这些字体从事商业性的行为。由于商业性的利用未获得授权，就容易被控侵权。

以方正字体为例，其字库官网显示：商业发布中，可以免费使用的字体有方正黑体、方正书宋、方正仿宋、方正楷体四种。其他字体商用，一律付费，并规定了具体的授权价格。

四、文字作品侵权

1.未经著作权人授权，擅自转载他人文字作品。

2.认为时事新闻没有版权，擅自转载媒体的原创文章。

新《著作权法》对原法中的“时事新闻”不适用《著作权法》，改为“单纯事实消息”不适用。明确了新闻报道的著作权保护、适用原则，此前困扰大家的“时事新闻”究竟有没有版权得到了确认。

3.未经著作权人许可，改稿、洗稿或删减算侵权。

2015年4月22日，国家版权局办公厅发布《关于规范网络转载版权秩序的通知》提到：

互联网媒体转载他人作品，不得对作品内容进行实质性修改。

判断标准就是该作品是否属于非用不可的新闻，否则不管如何改变，都是侵犯版权的行为。因此，媒体的编辑需要注意，在使用他人作品时也要考虑是否存在未经授权的修改、删减、洗稿等涉嫌侵权他人著作权的行为。

防侵权避坑指南！

该如何避免侵权？

一、坚持先授权后使用基本原则

随意使用图片，可能被原创者、图片公司、影视机构找上门索赔，甚至赔得倾家荡产。之所以没有被盯上和索权，只能算是侥幸。

北京观韬中茂律师事务所律师胡杨指出，“实际上，现在著作权的维权已经逐渐趋向智能化、专业化，市面上也出现了一些专业的侵权监测机构，其可以通过专业技术在互联网上监测侵权行为，并在监测的同时完成相似性对比，增加侵权监测的准确性。因此，理论上讲任何个人或机构的潜在侵权行为都有可能被锁定”。

据传媒茶话会了解，某主流财经媒体，因为网站发文量大，配图较多，仅2018年就要支付高达几百万元的图片侵权费用。

胡杨谈道，未经授权使用相关素材可能存在侵权的法律风险。媒体在使用任何文字、图片、短视频、音频、字体等素材时务必需要有合法来源，不能对使用的素材抱有侥幸心理，以免涉及法律纠纷。

无论是使用图片、字体，还是短视频、表情包，“先授权后使用”这是最基本的原则，也是避免侵权的第一道重要关口。

二、避免这些认知误区

误区一：注明来源与作者就属于合理使用

根据现行的《著作权法》第二十二条关于合理使用条款的规定，有13种特定情形可以在指明作者姓名、作品名称的情况下，不经著作权人许可，不向其支付报酬。除此以外的未经授权使用行为都可能构成著作权侵权。

孙志峰指出，合理使用的认定有严格的限制，法院在合理使用的认定上也非常谨慎。总体上要求不得影响该作品的正常使用，也不得损害著作权人的合法权益。

误区二：标明“来源网络，如有侵权请联系删除”等免责话术就不侵权

赵虎指出，这样的声明在法律上没有任何意义，只要未经著作权人授权又不存在法律上规定的免责情况，那么毫无疑问侵权成立。

误区三：付费授权后就能随意使用

“既然我付费购买了，就可以随便使用，为什么还侵权了？”很多使用者都会有此困惑。

“即使付费了，在使用图片时仍然有一些注意事项。”赵虎谈道，有时候，使用者买图片是为了做海报，不可能把图片拿过来原样使用，一般是集合几张照片的素材，加入一些创造性劳动，最后变成新的作品，这种情况属于行使作品的

改编权。

实际上，很多图库只是授权购买者可以在网上使用，但是没有授予改编权。假如使用者进行再创作就侵权了。

胡杨提醒，即使媒体获得了相关素材的授权，也需要对授权协议的授权权限、主体、时间、使用方式等内容进行严格把控，如果超范围使用或者不以协议中标明的方式使用，同样可能构成著作权侵权。

误区四：不以营利为目的就不算侵权

“尽管非营利性可能在法院酌定赔偿责任承担及赔偿数额方面会得到优待，但并不属于合理使用的法定理由，不能免除侵权责任。”孙志峰讲道。

误区五：使用免费、开放素材网站上的素材就不侵权

如今有很多图库、字体都声明自己是开放、免费素材库，可供创作者放心使用。但使用这些素材时还是得小心，当心侵权。

姚欢庆指出，有很多网站提供图片的免费下载，但免费下载并不等于可以免费使用。有些开放素材库可能会“钓鱼执法”，标榜免费使用，一旦用了就会找使用者维权。或者先免费使用一段时间，到了一定使用量后就索权。很多创作者因为这个原因中招。

还有的虽然是真正的免费素材库，但是里面的素材没有完整、合规的授权链，素材“来历不明”，著作权可能不属于图库，用完可能会侵权。

三、防侵权建议

为防侵权，几位专家也提供了一些防版权侵权建议：

1. 规范来源，绝不随意在网上下载使用素材。

天下没有免费的午餐，免费的东西有时候不一定“香”，还有可能惹祸。

想要防范侵权发生最有效的方式就是使用获得明确授权的素材，决不能从网络中随便选素材使用。要尽量选用有明确权属证明或具有明确授权许可的图库、字库提供单位。必要时选用素材较为丰富的合作方，并签订书面合作协议。

2. 使用已经进入公有领域的字体。

尽量选择公版字体，如windows系统预装自带的宋体、楷体、黑体等。避免在网站上下载使用所谓的“免费字体”，想要使用那些设计感强的艺术字体一定要做好调查工作，对于需要获得授权、支付使用费的应当及时与著作权人取得联系。

3. 对于视听作品的使用，要注意使用的长度、方式等。

在合理的范围内，为了评论或者介绍作品，适当、小部分使用他人视听作品，且不损害原作品的正常使用，不损害权利人的合法权益，可能不构成侵权。但不能大篇幅地照抄，或者将原作品切割后，分多条公开传播。

精选留言

乡音未改：

既要保护知识产权，也要打击碰瓷式、钓鱼式维权。

不规范引用易导致侵权？新闻报道引用需做好这几点

本文首发于2020年8月11日

作者：李素云

互联网的高速发展为新闻报道“旁征博引”提供了极为丰富的素材。然而，引用却不能因为资料检索的便利而滥用。

引用时需要注意哪些问题？如何避免因不规范引用造成侵权？

借他山之石，琢己身之玉

“北宋诗人林逋的诗句‘疏影横斜水清浅，暗香浮动月黄昏’，被誉为千古以来吟咏梅花最经典的一联。但你可能不知道的是，这一联诗中，有12个字是南唐‘非著名诗人’江为写的。”

人民在线高级顾问吴晨光介绍，江诗为“竹影横斜水清浅，桂香浮动月黄昏”，林逋只是将“竹影”改成“疏影”，“桂香”改成“暗香”，这一联的境界就完全不一样了。“暗香”运用了通感的修辞手法，用视觉来写嗅觉，十分传神。这则引用就是点石成金，让素材为我所用的典范。

在新闻报道中，也经常会引用采访对象的言语以及一些公开发表的作品、资料等。那么在新闻作品中，哪些情况下需要引用他人作品中的内容呢？

中国青年报社编委兼全媒体协调中心主任吴湘韩表示，新闻写作中比较常见的引用有六种情况：

一是引用媒体报道的事实写作新闻评论；

二是引用政务媒体发布的公共信息内容；

三是为介绍、评论某一作品或者说明某一问题；

四是报道事件进展或全面呈现或深度挖掘事件时采访不到当事人或者事实已被确证，没有必要再采访，而引用此前媒体报道的事实内容；

五是为报道时事新闻，不可避免地再现或者引用已经发表的作品；

六是新媒体改编进行整合传播。

这几种不规范引用要注意！

在论文写作中经常强调规范引用的重要性，新闻报道中进行引用时同样需要“追本溯源”，做到规范引用。

那么，不规范引用有哪几种形式？

1.捏造引用

记者在报道时未采访到信源，通过使用匿名消息源等手段，编造采访对象，使读者误以为是记者亲自采访到的信息。

2003年，《纽约时报》揭露自家记者布莱尔36篇文章存在造假现象，其文章中的引用后被证实为编造，是严重的新闻造假。

2.未经许可使用他人文章不注明出处、作者等

许多被指责为抄袭、“洗稿”的文章通常都是如此操作，引用了他人作品中的内容却不标注出处、作者等信息，让读者误以为被引用部分是引用者的原创。

3.引用量过多

注明引用来源与作者并不是引用他人作品的“护身符”，不代表可以毫不顾忌地进行引用。《著作权法》规定作者在引用时“所引用部分不能构成引用人作品的主要部分或实质部分”。如果引用他人作品的字数太多，超过了《著作权法》所规定的度，也有可能构成侵权。

4.模糊引用

有些文章虽在开头结尾处标注来源与作者，但对引文却不加双引号，不加注释说明，通观全文并不能让读者很好地分辨引用内容与作者自己写作部分之间的界限。

从立先认为：“引用不规范是还没达到著作权侵权的程度，虽然注明出处，但引用量和引用形式超过适当程度，这种

属于学术不规范，承担道德层面或本单位行政管理方面的责任。如果引用不署名可能构成抄袭，未经许可使用别人作品，需要承担未经许可的侵权责任。剽窃则承担从财产权到人身权的全面的侵权责任。”

引用不规范？小心侵权！

法律承认基于新创作而使用他人作品的合法性，旨在鼓励创新，传播文化。（参见余训培.合理引用：原则、方法和实践[J].中国出版，2005（5）.）然而，各种不规范引用屡见不鲜，不仅是对原作者著作权的不尊重，也容易置自己于侵权的危险边缘。

网络信息时代对判断引用是否合乎规范提出了新的挑战，那么应如何避免产生“不小心抄袭”的情况呢？

吴湘韩认为新闻报道引用他人作品时，应遵循以下几个原则：

一是准确。不能歪曲作品原意或断章取义。

二是适当。引用政务媒体发布的公共信息，引用的篇幅可以没有限制，但对媒体记者原创的内容引用要适当，很难规定一个量，需要综合考量，但引用的作品至少要有增值的内容。比如，纪检监察部门网站发布的消息和文章经常被媒体引用，引用其发布的某官员被调查的消息，即使署上记者的名字，也是规范的。如果引用其发布的一个案件的详细报道或专访，还署上记者的名字，就是不规范的。如果引用案件的内容写评论或采访专家分析评论，就是规范的。

三是版权。要有版权意识，引用必须注明出处或来源。

在文章中引用他人著述内容时，要在正文中用引文序号加以标注，并将引文注释列在文末参考资料后。

引用他人作品时更要明确哪些内容需事先获得许可。

孙志峰认为需要判断所涉文章是否属于作品。"一般情况下，属于作品的新闻报道都应该事先获得许可。现行《著作权法》规定的时事新闻因为不属于作品，可以不经事先许可。"

从立先表示，根据《著作权法》第二十二条第二款规定，"为介绍、评论某一作品或者说明某一问题，在作品中适当引用他人已经发表的作品"，上述适当引用属于合理使用的范围，无须经过授权。但应当指明作者姓名、作品名称，并且不得侵犯著作权人依法享有的其他权利。

除上述情况之外，使用他人的作品不符合上述要求则有可能构成引用不规范或侵权。

2019年1月，微信公众号"呦呦鹿鸣"发表文章《甘柴劣火》，因为引用了财新网之前的报道和付费内容，被财新记者王和岩暗指此文抄袭，引发诸多争论。

引用和抄袭往往一线之隔，对于在新闻报道中记者应如何分辨，孙志峰表示，"对于一般作品来说，引用和抄袭的界限实际上是引用比例是否超出了合理界限、合理目的，是否实现了实质性替代作用。如果引用作品属于未经发表的作品，或者引用并不是为了介绍、评论作品或说明某一问题，或者引用幅度超过一般理性人认为合理的幅度，已经使得这种引用形成的作品实现了对原作品的实质性替代，那么就应当认定为侵权，甚至抄袭”。

丛立先认为：“只要作品在著作权保护期内，又不构成合理使用的引用就要获得授权，不经授权就构成侵权。”

精选留言

汪威：

那些四处摘抄、攒稿，结尾来一句含糊说明“以上内容部分来自×××”，还美其名曰综合汇编的媒体要注意了。

不签版权协议风险大！这些坑传统媒体得赶紧填！

本文首发于2018年10月30日

作者：刘娟

“没有签署版权协议，媒体在维权时可能面临维权主体不适格的尴尬。”

近年来，随着传统媒体版权意识的觉醒，版权保护日益得到重视。但在维权过程中，很多媒体却发现，因为没有和记者签署版权协议，导致版权归属问题难以确定，影响了维权进展。

不签版权协议究竟有哪些风险？

不签协议，媒体可能连维权资格都没有！

“许多侵权案件，就是因为缺少版权协议这一关键证据，导致无法确认权利人，最终不得不放弃维权。”重庆邮电大学知识产权实验室主任、副教授赵长江告诉传媒茶话会。

赵长江解释道，在版权维权过程中，不管是进行谈判和解还是提起诉讼，都应当首先证明自己是权利人，才有资格进行维权，常见的权属证明有手稿等。传统媒体若想要维权，由于作品上署名的是自然人（记者），往往要通过“版权协议”来确定作品版权的归属，否则媒体无法证明自己是该作品的合法权利人。

《中华人民共和国著作权法》第十六条规定：公民为完成法人或者其他组织工作任务所创作的作品是职务作品，除本条第二款的规定以外，著作权仍由作者享有，但法人或者其他组织有权在其业务范围内优先使用。作品完成两年内，未经单位同意，作者不得许可第三人以与单位使用的相同方式使用该作品。

“记者没有和媒体签订版权协议，著作权没有明确约定，著作权应归属于记者本人。”辽宁瀛沈律师事务所杨帆律师告诉传媒茶话会，《著作权法》第十六条第二款明确规定了，确认职务作品的著作权归法人或其他组织有两大前提：

1. 主要是利用法人或者其他组织的物质技术条件创作，并由法人或者其他组织承担责任的工程设计图、产品设计图、地图、计算机软件等职务作品；

2. 法律、行政法规规定，或者合同约定著作权由法人或其他组织享有的职务作品。

有一种观点认为，记者进行采访是利用了所在新闻机构的资源和资质，因此，记者的作品应当属于职务作品，版权也就理当归所在单位享有。

真的是这样吗？

“记者的作品虽然属于职务作品，但是因没有特别约定，其著作权利仍由记者本人享有。”杨帆解释道，记者的作品完成包括选题、采访、写作这些程序，主要都是由记者来主导创作的，所以，在没有特别约定著作权属的情况下，著作权属于记者本人。在这种情况下，倘若作品被侵权，媒体想要提起诉讼可能面临诉讼主体不适格的尴尬。

北京德恒律师事务所徐凯律师告诉传媒茶话会，在没有约定的情形下，绝大部分新闻作品都属于一般职务作品，著作权归于作者（一般为署名记者）所有。在司法实践中，以北京为例，北京市高级人民法院侵害著作权案件审理指南在“一般职务作品的起诉主体”中规定：

作者享有著作权的职务作品，职务作品完成两年内，他人未经单位许可，以属于作者所在单位业务范围内的使用方式使用该作品的，作者和所在单位均可以单独起诉；他人未经作者许可，以属于作者所在单位业务范围以外的方式使用作品的，作者可以单独起诉，所在单位可以根据与作者的约定行使诉权；职务作品完成两年后发生侵权行为的，作者可以单独起诉。

也就是说，在没有约定著作权的情形下，作品完成的两年时间内，如果作品被第三方侵权使用，且该使用方式在媒体本身的业务范围之内，媒体和作者都可单独起诉；但如果侵权行为发生在作品完成的两年之后，媒体则丧失维权资格。

徐凯透露，除署名权外，多种著作权权利都可以约定，尤其是涉及财产权利及相关衍生权利的部分。如果媒体不与记者或其他作者签署版权协议，两年后将无法以机构名义禁止第三方以任何方式使用相关作品。因此，他建议媒体通过劳动合同或者补充协议约定著作权归属及行使方式。

“如果媒体不与记者签订版权协议，除了不能进行版权维权外，著作权人所享有的其他所有权利，都将与媒体无关。”杨帆强调。

版权协议怎么签？这些重点必须要有！

“版权协议的内容，最重要的就是约定作者（记者）在工作期间，其所创作的作品为职务作品，权利人为单位，同时明确单位有权享有一切收益及进行管理和维权。”赵长江告诉传媒茶话会。

“随着国家越来越重视版权保护，大的环境开始渐好。面对这一利好形势，越来越多的财经媒体清楚地认识到要想夺回主战场，让网络转载市场秩序更加规范，除了要依赖高效的司法审判和严格的行政执法外，权利人的自省更加重要。”邹韧告诉传媒茶话会，传统媒体要想维护好自己的权利，首先应该与本单位在职记者签订授权合同，这样对维权才更有利。

那么，版权协议究竟该如何签？

杨帆认为，一份完整的版权协议应当包含以下四个要点：

1. 版权协议上记者的主体身份信息要与劳动合同上的主体信息一致。包括姓名、身份证号码、入职单位、岗位、入职时间等。

2. 约定著作权归属法人单位的期限和范围，在任职期间发表的作品的著作权完整地归属于法人单位等。

3. 作品发表的平台需要罗列清楚，并明确记者在上述平台上发表的作品，除署名权外的其他著作权权利均归属于法人单位享有。

4. 附上记者身份证复印件。

“在审判过程中，相比单纯的劳动合同，法院会比较注重版权归属的证明材料。”赵长江告诉传媒茶话会。

传媒茶话会评论

版权保护不是一个人或一个部门的事，更是所有记者编辑的事。现今版权保护难不仅难在维权成本高、赔付标准低，更难在媒体从业者没有版权保护的主动性和积极性。

究其原因，我们认为，现阶段的版权保护没有考虑到记者编辑的利益，在现行的考核制度下，甚至在一定程度上阻碍了记者编辑的利益，这种现状不利于版权保护达成共识、形成合力。

传媒茶话会认为，版权保护要想做好，就要让媒体的从业人员得到实惠，要让大家享受到版权保护带来的红利。这就要求媒体不仅要与自己的记者编辑签版权协议，更要在版权协议中明确记者编辑的权益，让他们同单位一起享受到版权保护的甜头。只有这样，才能让人人关注版权、关心版权，才能化版权保护的内部阻力为动力。

签署版权协议是维权的基础，合理分配权益是维权的保障。媒体要未雨绸缪，提前用合同、协议来约定和明确版权关系，让维权在有理有据的同时也更加人性化和公平化。

精选留言

无宁惟是：

传统媒体缺乏对新媒体商业模式的了解和认识，缺乏将新闻作品作为版权资产进行管理、运营和维护的能力，应增强独立参与市场竞争的手段和市场营销能力，加强对新媒体带来的机遇和挑战的应对。

当心！媒体这样转载文章，可能涉嫌图片侵权

本文首发于2019年4月26日

作者：刘娟

转载文章中因使用第三方图片被维权，已经成为报社等媒体图片侵权的重要一部分！

在版权意识不断提升的当下，媒体已经树立了转载文章先获授权再使用的观念，但却往往疏忽了转载文章中的图片版权问题。

哪些转载行为暗藏侵权风险？这又当如何规避？

哪些转载行为暗藏侵权风险？

图片是国家互联网信息办公室认可的可供网站转载新闻的新闻单位网站中的图片，怎么会侵权？

文章是我们经过对方授权后再转载的，图片怎么会侵权？

图片明明附上了来源和作者，怎么还是侵权了？

使用图片时并没有主观过错、没有营利目的，还构成侵权吗？

面对一封封律师函，媒体人多是一脸蒙。自己看起来的正当行为怎么就违法了？

“转载文章或图片的来源不管来自哪里，都不影响侵权方承担未经许可使用涉案图片的法律责任。白名单中媒体发布的新闻，其允许或默许转载是转载新闻本身，而非新闻报道文章中所附加的图片。”卓纬律师事务所合伙人孙志峰告诉传媒茶话会，一旦白名单中的图片是第三方未经授权许可使用的图片，媒体转载后就会涉嫌侵犯著作权。

2016年，董某诉中青网络科技（北京）有限公司侵犯著作权案就是这样的典型案例。

董某认为，中青网公司未经其许可，在中青网网站上使用涉案图片且未署名，侵害了董某享有的署名权、信息网络传播权，应依法承担侵权责任。中青网公司则主张涉案图片转载自国家互联网信息办公室认可的可供网站转载新闻的新闻单位网站光明网，其转载来源合法。

法院认为，涉案图片系受《著作权法》保护的摄影作品，并不属于作品范畴、不受《著作权法》保护的时事新闻。中青网公司使用涉案图片需符合《著作权法》的相关规定，转载来源并不影响其应承担未经许可使用涉案图片的法律责任。

新媒体时代下，微信公众号之间互相转载文章的情况非常常见，“如果原创文章中所使用的图片涉嫌侵权没有注明出处，后来各家公众号直接带图转发，就很容易引起这类纠纷”。中闻律师事务所律师王维维告诉传媒茶话会。

2018年，武汉某传媒公司的微信公众号就因转载第三方文章中含有北京J图片公司享有著作权的图片而被起诉。最终法院认为，武汉某传媒公司未经J公司授权，侵犯了其享有的信息网络传播权，判决该传媒公司赔偿J公司2000元。

“转载图片风险无处不在。”除了因转载文章中含有第三方未经授权使用的图片涉嫌侵权的外，还有哪些行为会有侵权风险？

孙志峰、王维维两位律师结合多年工作经验，总结出以下几种常见侵权行为：

一是直接将他人摄影作品或美术作品在文章中作为配图或题图进行完整使用，而不标注图片来源和作者信息。

孙志峰认为，这种行为无疑风险极大，可能会侵犯作者的署名权、发表权、复制权、信息网络传播权等。

二是将他人摄影作品或美术作品进行简单剪切加工，使用其一部分。

王维维告诉传媒茶话会，如果媒体对他人享有著作权的图片进行了加工、修改，然后发布在自己的公众号上，这种行为可能会侵犯版权人的信息网络传播权、复制权。如果在剪切方面有独创性的选择，还有可能构成侵犯修改权、保护作品完整权等。

三是将他人摄影作品或美术作品转载，但附上来源及作者姓名。

“这样也会有侵权风险。”孙志峰告诉传媒茶话会，在侯某诉兰州互联网新闻中心侵害作品信息网络传播权纠纷系列案中，兰州互联网新闻中心实际上在所使用被诉图片的底部显示了“稿源：腾讯图片”，保留了腾讯网上的图片、文字简介及作者侯某的署名，也被法院认定构成侵权，同时承担了较高的赔偿责任。

四是擅自使用新闻图片。

孙志峰告诉传媒茶话会，新闻图片即便是基于新闻报道特定语境下制作完成，也极有可能属于表达摄影者独特视角的摄影作品。摄影作品本身不构成时事新闻，转载和使用除非有法定和约定的免责事由，否则就会承担相应的侵权责任。

五是擅自使用电视剧剧照构成侵权。

王维维表示，一些媒体在介绍或者点评热门影视剧时使用电视剧剧造，这种情况在实践中非常常见。但是，现有的案例中，法院将这种情况认定为侵犯图片所有权人的著作权。

“图片使用目的以及是否获利，可以作为确定判赔额度时考虑的因素，并不是判断是否构成侵权的依据。”王维维强调，以上几种未经授权直接使用他人图片的情况，即便不是主观恶意或者不是为了商业，也是侵权。

如何规避侵权风险？

《著作权法》第三十三条第二款规定，作品刊登后，除著作权人声明不得转载、摘编的外，其他报刊可以转载或者作为文摘、资料刊登，但应当按照规定向著作权人支付报酬。

关于图片使用不规范而被维权的案例很多，主流媒体该如何从源头上安全使用图片？

孙志峰建议，一方面，媒体在转载图片前，要尽最大可能地核查图片来源和作者，对于有明确作者和图片来源的，与之取得联系，尝试获取授权；另一方面，媒体要多依靠联盟或行业协会的作用，整合联盟或行业协会内部资源，由联盟或行业协会出面汇集各家媒体享有著作权的图片，建立联盟或协会内部的转载规则和体系，媒体转载联盟或协会内成员发表的图片（至少职务作品）就会实现一定程度的免责。

王维维表示，“建议各媒体工作人员对图片的出处和来源加强审核，尽量避免转载使用权利性质不明的图片，有出处的一定注明出处”。

对此，某知名财经媒体法务也告诉传媒茶话会，该媒体就有专门的图片审核编辑，负责对图片的版权进行审查和确认。

此外，该财经媒体还邀请外部的版权律师对报社的员工进行专门的著作权培训，提升员工的版权意识。

很多时候，媒体在遭遇维权时，因为“怕丢人”“怕麻烦”，往往选择“破财消灾”，这就给一些不法分子留下了可乘之机。最近处于舆论风口浪尖的视觉中国就被指责“滥用版权”“敲诈维权”等。那么，面对维权，媒体该如何做？

孙志峰告诉传媒茶话会，媒体被维权后，媒体需要核验维权方权利基础，不宜简单地认为只要维权的就一定是作者，需要按照现行法律和基础证据，确定维权方身份。不排除部分图片公司利用权属不清或存在瑕疵的图片主张权利，牟取非法利益的情况。

王维维也补充称，我国《著作权法》第十一条规定：“如无相反证明，在作品上署名的公民、法人或者其他组织为作者。”视觉中国之类的图片公司所涉及的诉讼案件中，有些地方的法院在审理中会把水印解释为“署名”，要求被告方提供相反证据。如果被告方提供不了，法院多会认定原告对图片享有权利。

也即是说，法院在审理涉及图片侵权的案件中，主要考虑双方提供的证据，例如原告提供了著作权登记证书或者发表过的有署名的材料（如网页），如果被告没有相反证据，则认定原告有著作权。“我个人不太赞成这种判断。因为现在图片多是数码产品，具有无限的可复制性，一般人很难确定谁是初始创作者。还是应该提供更完整、充分的授权链条，才能证明权属。”

据南方网报道，深圳福田法院近期审理了一起谎称拥有图片版权并索赔的案件，当事人最终被法院以敲诈勒索罪判刑。

这儿有8个版权保护技巧，拿走不谢

本文首发于2017年8月30日

作者：刘娟

版权是传统媒体的核心资产，事关媒体的生存权、发展权。传统媒体要把这种核心资产转化为自身的核心资源。越来越多的侵权案例从另一个侧面反映了版权保护的迫切性。现阶段，对版权的保护更多体现为侵权事件发生后打官司。

版权保护也不应该从决定打官司的那一刻才开始。版权保护是一个系统工程，起点在编辑记者写稿前，没有终点。版权之争是行业之争，利益之争！

传媒茶话会对话北京外国语大学博士生导师从立先教授、重庆邮电大学知识产权实验室主任赵长江副教授、新华社新闻信息中心权益保障部主任孙玉遐、阿里巴巴大文娱法务主管张文律师，教您8个版权保护中非常实用的技巧。

先确权，才有资格维权

对于媒体来说，版权保护第一步就是要与编辑记者签订《职务作品版权协议》，只有确定被侵权作品的版权属于媒体自身而不是作者，传统媒体才有资格以权利人的身份站到原告席上。没有这个前提，传统媒体只能眼睁睁地看着侵权平台用自己投入大量人力物力生产出来的内容发家致富。

“很多传统媒体都有版权声明，但不同地区法院对声明的认同度不一，若媒体以原告身份起诉，部分法院会认为仅有单一的版权声明而没有相关版权协议，不足以证明著作权属于报社不属于记者。因此传统媒体要在记者入职时，签订《职务作品版权协议》，明确新闻作品版权归属问题。”从立先教授告诉传媒茶话会。

北京青年报社社长助理贾桂茹告诉传媒茶话会，从2010年开始，他们报社就与全体编辑记者签署《职务作品版权协议》，就是为了确权。

对于非本单位编辑记者的第三方作者稿件，传统媒体应当保留能够证明作品著作权归属于媒体的证据，比如文章底稿、作品原件、作品在版权局登记后拥有的著作权证书、他人授权合同等。

擒贼先擒“王”，监控大平台

传统媒体精力有限，维权要考虑到投入和产出。因此，对于传统媒体来说，不要眉毛胡子一把抓，要从成本和赔付能力两个维度进行考量，将大平台作为重点监控对象。维权费时、费力、更费钱！从最现实的两个维度进行考量能解决媒体现今最直接、最迫切需要解决的问题。

移动互联网时代，侵权行为快速而隐秘。对于传统媒体来说，对于全网的监控不仅耗时耗力，还面临高昂的公证费、律师费、差旅费等。以公证费为例，北京润文律师事务所律师张岩告诉传媒茶话会，网站侵权进行取证，就要进行批量公证，30页以内公证费是800元至1000元，如果超过30页要加钱，每页50元、100元、200元的都有。为了取证，少说要公证几百篇、上千篇稿件，甚至几万篇稿件，前期公证费用最便宜的也要花掉一两万元。再加上律师费，以及差旅、人力、时间等其他成本，起诉成本居高不下。

鉴于此，就要考虑到赔付能力。尽管各种聚合类APP、网站、自媒体都会未经授权转载传统媒体的内容。但是不同平台的赔付能力是不一样的。

小平台繁多，监管难度大，即便对簿公堂，可能也会因为没有赔付能力最终不了了之，传统媒体只能赔了夫人又折兵。新华社新闻信息中心权益保障部主任孙玉遐建议，传统媒体要将主要的注意力放在监控大平台上，大平台能够支付得起较多的侵权赔偿费用，而且更有可能促进后续的版权合作。

对于传统媒体和网络平台来说，合则共赢，斗则双输。打官司得赔偿不是最终目的，合作共赢才是目标。在版权保护急需打开一个局面的时候，先抱住西瓜再去想捡芝麻的事。

借助技术手段固化侵权证据

侵权形式花样翻新，一些新媒体为了侵权不择手段。利用“转码”技术和“加框链接”，新闻聚合平台具备了不经页面跳转直接抓取嵌入其他新闻门户网站新闻资讯的能力。两种技术都是新闻聚合平台用来获取他人新闻资讯资源的手段或措施，并以此吸引读者、广告、流量，最终获取经济利益。

在碎片化传播时代，受众的注意力被一条又一条的信息不断抓走，受众浏览后，新媒体平台在传统媒体发现之前就已经删除稿件。稿件虽然被删除，但是稿件所引来的流量已经产生，新媒体平台的获利已经完成。对此，传统媒体难道只能是哑巴吃黄连，有苦说不出？

“技术问题用技术解决！”赵长江告诉传媒茶话会，版权保护技术与新媒体技术是相伴而生的，借助技术手段，可以在侵权行为发生的第一时间进行追踪，并固化侵权证据。不仅高效而且能降低取证成本。

比如重庆的华龙艾迪取证系统已经能够实现互联网作品被侵权的监测，实现了对侵权页面进行互联网表层、底层及交互过程三维取证，且取证的电子数据法院也认可。

除了华龙艾迪，上海原本科技对区块链技术的运用，也为版权保护带来了技术上的助攻。利用区块链技术，不仅可以在极短时间内完成原创文章的版权认证，而且能在全网范围内扫描侵权转载，无论侵权发生在微信公众号、知乎还是个人博客上，即使文章经过了部分改写、删节、段落调整，依然能找到侵权行为，并一键进行侵权证据保全。实时取证，让侵权行为不再一删了之！

要有成本意识，保留报道差旅发票

我国法律实行三种赔偿方式：一是按照权利人的实际损失进行赔偿；二是按照侵权人的违法所得进行赔偿；三是按照法定额度不超过50万元进行赔偿。

因此，不论是按照权利人实际损失，还是侵权人获利情况进行赔偿，都需要主张方即权利人负责举证。互联网条件下，新媒体平台依靠优质内容来吸引读者、广告、流量，并最终获取经济利益。对于传统媒体来说，侵权人的违法所得很难举证，但是自己保留证据相对简单。

《南方周末》侵权公告中提到的《撕万科》一文有6500余字，最终获赔7000元，平均每个字1元钱，远远低于1个字12元的生产成本。无独有偶，2017年上半年，《北京青年报》起诉了500余件版权侵权案件，最终仅获赔60万元。仅按照稿酬标准的2—5倍进行赔偿，赔偿额度远远低于生产成本。传统媒体必须要保留能证明自己损失的证据。

“按照每千字80—300元的赔付标准，被侵权所需赔偿实在太低，因此传统媒体在固化证据时，除了包括传统媒体生产作品的成本费用，还包括广告流失造成的损失以及侵权方因非法转载获利的证据。”赵长江说。

优质原创内容更容易被侵权，对于传统媒体来说，保留生产作品的各项成本费用十分重要。据知情人士向传媒茶话会透露，《新京报》的《悬崖上的村庄》一文被8家网站和新闻移动端侵权转载。在保留了充分的差旅等成本支出证据的基础上，新京报社分别向这8家媒体索赔，最终单篇文章获赔几十万元。

证据，是主张索赔的事实依据。除此之外，公证费、律师费、差旅费等一些合理开支的发票也要保留，在诉讼阶段可以作为请求补偿合理报销的部分。

选法院请律师有技巧

版权官司往往是高投入，低产出。传统媒体在进行版权诉讼时，一方面要尽力降低维权成本，一方面要努力争取较高的赔偿额度。传统媒体可以从选法院和请律师两个维度进行综合考量。

媒体在选择管辖法院时，要综合考虑法院的判赔标准、法院与权利人的距离，尽量选择被侵权人住所地进行起诉。这样不仅避免侵权地法院的本地保护主义，还能节省一些开支，也能方便今后执行法院判决。

版权官司在司法体系中属于相对专业的案件，因此对律师的专业性要求较高，一般单位的法务未必能胜任。赵长江律师建议传统媒体可以让渡部分利益，聘请专业的版权律师。专业的版权律师拥有丰富的经验，不仅能帮助媒体积极通过诉讼促进谈判和解、避免大量无用功，还能提高胜诉的概率。

版权侵权没有“避风港”

对于新媒体来说，“避风港原则”是其用于免责的常用辩护借口。

所谓“避风港原则”简单来说就是“通知+移除”，即由于网络服务提供商没有能力对海量的信息是否侵权进行甄别，因此，只要权利人主动按照法定的形式通知网络服务提供商自己的权利受到侵犯，网络服务提供商及时移除相关侵权内容，则免于承担侵权责任。

新媒体拿“避风港原则”当“挡箭牌”，传统媒体该如何破局？

赵长江律师告诉传媒茶话会：“‘避风港原则’是针对只提供空间、不提供内容的服务商。现在许多网络媒体不适用这个条件，因为它们是网络内容提供者，一般有主动筛选、转载或发布的行为。即使对于网络服务商，根据‘红旗原则’之规定，一旦侵权行为是显而易见的、他们未履行基本的注意义务，就不适用‘避风港原则’。”

类似于今日头条、一点资讯这类的聚合类APP，在抓取传统媒体的信息时都有主动筛选的行为，因此，只要传统媒体固定了新媒体平台的侵权证据，证明新媒体是明显且故意侵权，就可以在版权官司中获得法院支持。

批量稿件被侵权，选典型打官司

2010年，新京报社起诉浙江在线侵权转载7706篇稿件，法院要求新京报社按每篇文章一个案件或以同一作者所著的文章为一个案件分案起诉，案件一经报道引发轩然大波。

大批量起诉不仅会影响法院排期，还会给传统媒体造成大量的人力物力财力浪费。张文律师告诉传媒茶话会，每篇文章都是一个单独的作品，一个作品对应一个独立的诉权，这是为最大限度地保障作品权利人的合法权益，法院判决有法理依据，没有问题。不过新京报社可以选取更加有策略的起诉方式。

张文律师建议，面对大批量的侵权，传统媒体可以选择几篇不同类型的、有代表性的稿件进行起诉，在获得法院支持后，再将法院的判赔金额作为参照标准和侵权平台谈判，这样可以最大限度地节省维权成本。

即便不要钱，也要坚持先授权后使用

很多传统媒体有一个误区，认为只要不收钱就不用授权。其实不然，即便不要钱，也要先授权再使用。授权不一定意味着收取版权使用费，但体现着对自己品牌的维护。

"传统媒体乐于自己的作品被传播，但前提是作品是经过授权后进行传播。"孙玉遐告诉传媒茶话会，新华社对外协议供稿，坚持"先授权、后使用"，"先授权、后传播"，"统一出口、统一管理"，"统一定价、统一协议"。

维权最终的目的不是打官司而是促进合作，传统媒体要根据自己的定位和目标，与新媒体以及其他传统媒体通过有偿授权或者版权交换的形式，进行版权合作。

正如孙玉遐所说："内容"与"渠道"之争更大程度上是传统媒体与新媒体的利益纠纷。每一种新的传播技术的产生，都会将原来的平衡打破，需要用法律等一系列手段重新调整各方的关系，直到实现新的利益平衡。

传统媒体要为生存和发展而保护、开发、利用版权。

精选留言

宋圆圆：

从该篇文章中不难看出：版权保护是一项系统工程。过去没有抓好，现在亡羊补牢未为晚也。今天的锦囊妙计，既不是专业教材也不是道听途说，是作者在理论与实践结合中充分采访了解的成果，为您点赞致敬！

第五辑

多学几招

媒体用图需谨慎！6种常见差错一定不能犯！

本文首发于2020年4月14日

作者：李磊

2020年4月3日，某媒体因使用疑似辱华素材做封面引发争议，并登上微博热搜。

因图片使用不当引发舆论的情况并不少见。新闻配图有哪些常见差错？又该如何避免？

传媒茶话会对话中国妇女报社总编室主任王长路、中国教育报社摄影部主任鲍效农、《南方周末》图片总监李楠。

政治性差错

一提到政治性差错，媒体人的神经都会紧绷。对一些文字性的差错，媒体都很警醒，但有些时候一些新闻图片中的政治性差错却让人防不胜防。

1. 图片中含有违反法律法规和涉密的内容

“图片元素中是否有违反法律法规和涉密内容，这点需要注意。”王长路告诉传媒茶话会，比如藏独、疆独相关标识，军事地点、武器、军事设施等。

此外，引用图片或视觉素材时尤其要注意是否可能触犯政治、宗教、文化、民族等禁忌。

“每张图片都必须核实所有细节，尤其是图片中的文字（外文）、符号、背景中的人物等。”李楠告诉传媒茶话会，曾经有一张图片，她放大三倍之后发现背景中的一个书架上第三排第六本书是宣扬纳粹的。

2. 错误使用有关领导照片

2020年1月16日，美国之音广播电台网站在报道俄罗斯新总理米舒斯京时，竟然将人物放错了：误将俄罗斯共产党领导人久加诺夫认为是新总理。后来，美国之音换上了正确的人物图片。

3. 使用问题地图

2018年1月29日，国家测绘地理信息局通报8起“问题地图”典型案件，某新闻网站因存在错绘国界线，漏绘我国钓鱼岛、赤尾屿和南海诸岛等重要岛屿问题而被点名。

2019年8月1日，电视剧《亲爱的，热爱的》因剧中播出时使用的地图错绘我国藏南地区和阿克赛钦地区国界线、我国台湾岛和海南岛底色与大陆不一致等问题，成为微博热搜话题，制作方因此被主流媒体官微点名批评。

鲍效农提示，涉及民族、宗教、港澳台等内容的图片，更要准确核对相关政策文件后再使用。带有政治性的标语、图案（国旗、国徽、地图、地标）等，一定要完整和规范。

4. 图片排版不当

除了新闻照片本身的问题可能引发政治差错，还有很多时候是因为版面安排的问题而导致政治差错。这一点必须引起重视。

2001年，北京某报上有一巨幅美国世贸大厦起火的图片，而边上是国家领导人给全国九运会火炬点火的照片，结果被认定犯了严重的政治性错误。

坚持正确政治方向是对媒体从业者的根本要求，这就要求媒体的版面、稿件都要讲政治。在新闻图片的使用上，媒体需要慎之又慎。

导向错误

《报纸出版管理规定》明确要求，报纸出版必须坚持正确的舆论导向，坚持把社会效益放在首位，报纸不得刊载《出版管理条例》和其他有关法律、法规以及国家规定的禁止内容。但一些媒体为了抢时效、追求点击量，使用新闻图片时“萝卜快了不洗泥”，容易出现导向问题。

2006年1月，海南某报在显著版面大篇幅刊发《三亚百名摩的手押民警“游街”》，报道配发了摩的司机聚众扭打、押送民警的照片。报道刊出后，国内多家网络媒体转载。需要注意的是，一方面，“游街”不符合现代法治理念；另一方面，“游街”本是针对违法犯罪行为的，该报道却反过来针对执法人员。这样的新闻图片和新闻报道就存在导向问题。

图片造假

1. 技术性差错

2004年首刊于某市级党报的《广场鸽接种禽流感疫苗》照片，2005年获首届华赛自然及环保新闻类金奖，后来被证实为造假。网友和媒体认为，该图片多处有电脑后期合成痕迹，尤其是空中飞着的两只鸽子，几乎一模一样。

李楠告诉传媒茶话会，媒体在使用图片时要注意防范技术性差错。具体包括：过度使用后期技术；对图片进行剪裁、组合、编辑、配文时不当，导致相关信息遗漏、错位、歧义；未检查图片原始数据。《广场鸽接种禽流感疫苗》图片就属于过度使用后期技术这一类。

王长路也认为，与其他新闻体裁一样，真实性也是图片报道的生命。新闻图片的构成中，真实人物、真实事件、真实现场三者缺一不可，任何一个构成点出现虚假，都会让整张新闻图片变成假新闻。

2. 拍摄信息造假

除此之外，新闻图片中还存在拍摄时间造假等问题，往往更加难以辨别。

2020年3月10日，人民图片编辑部发布公告称，其签约摄影师安徽合肥葛某某、浙江台州江某某的新闻图片更改图片信息、更改拍摄时间上传，涉嫌新闻图片造假。人民图片已与其终止协议、通知相关图库和单位，并保留进一步追究责任的权利。

法律性差错

“媒体使用图片时还要注意避免法律性差错，法律性差错主要是指违背了相关法律法规，比较常见的有肖像权、隐私权等。”李楠特别提醒。

比如，在2012年浙江温岭虐童事件中，媒体大量转载、刊发关于虐童的图片。这些图片的传播，在一定程度上起到了扩大社会影响、吸引受众关注的作用，但也忽略了这些图片会对孩子产生严重的二次伤害，给孩子和家人带来巨大的心理压力。

再比如，对于不文明现象的曝光，如随地吐痰、乱扔垃圾的，应当对当事人面部进行图像处理；对于未成年人、女性等特殊人群，因从保护其隐私的角度根据具体情况进行图像处理。

鲍效农谈道，关于图片的肖像权和隐私权，国家的法律法规都有明确规定。作为非商业性、不以营利为目的的新闻报道图片，一是征得拍摄对象同意的图片，二是被拍摄对象在公众场合中活动的影像，其他情况则有侵权的风险。

缺乏人文关怀

新闻图片要有人文关怀，这里既包括关怀活着的人也包括关怀逝者。

2008年汶川特大地震发生后，5月16日的《卫报》头版，编辑选择的照片与众不同，画面拍摄的是废墟上散落的书包和残破的课本。这样避免了对读者和当事人的心理伤害。而2010年的海地地震，从1月15日起，该报直面遇难者的遗体，不惜展示“身体恐怖”，对死者及其亲属造成一定的心理伤害。

鲍效农认为，新闻图片要有人文关怀精神，对于身体有残疾或有缺陷、逝者、灾难现场等被拍摄对象，绝不能以突出渲染、视觉冲击来博眼球和点击量。

同时，在灾难新闻报道中，在满足公众知情权的同时，媒体在使用图片时还应该顾及相关人员的感情。

2002年5月7日，大连海域发生空难。在这次空难中，多家媒体刊登了这样一幅照片：潜水员捞出第一个黑匣子，显得十分高兴，在场工作人员看到黑匣子被打捞出来，都情不自禁地鼓起掌来。这张图片引发争议和批评，忽视了死难者家属的感受，与灾难现场的氛围也不符。

侵犯版权

近几年，图片侵权问题高发，媒体也成为重灾区。据传媒茶话会之前的调查显示，73%的媒体曾经或者正在因侵犯他人图片的著作权被起诉或被索赔。

一些媒体在图片使用上存在以下误区：网络上没有署名的图片可以使用，未经授权只要标明作者和来源就不算侵权，只要不用作盈利就不算侵权，涂涂抹抹、删删改改不算侵权，等等。

不仅如此，还有媒体忽视转载中暗藏的图片侵权风险。

2018年，武汉某传媒公司的微信公众号就因转载第三方文章中含有北京J图片公司享有著作权的图片而被起诉。最终，法院认定武汉某传媒公司未经J图片公司授权，侵犯了其享有的信息网络传播权，判决该传媒公司赔偿J图片公司2000元。

如何避免图片差错?

新闻图片用得好，可以与文字相得益彰，甚至能单独撑起一篇报道，用得不好就是“平地惊雷”。这方面，媒体的教训也不少。该如何避免这些差错呢?

在李楠看来，图片其实是很容易“埋雷”的。她总结了自己的一套经验：

宁可不用，也决不刊载不恰当或有疑虑的图片；

每张图片都必须核实所有细节，尤其是图片中的文字（外文）、符号、背景中的人物等；

尽可能全面地了解新闻背景，有助于鉴别图片，尤其是热点新闻；

若使用外稿，至少要浏览5个信源才能确定一张图片是否可以纳入备用名单。

王长路则分享了《中国妇女报》规范图片使用的经验：

对时政类新闻图片，要严格按照相关审稿流程，对图片大小、位置、刊发张数等进行严格审定；

对其他类新闻图片，要从图片主题、拍摄时间、拍摄地点、拍摄人物、拍摄事件、拍摄角度等多个维度对新闻价值进行综合评判，确定其所刊载的版面、位置、大小；

图片说明中时间、地点、人物、事件、拍摄者等各要素要齐全，避免语焉不详、内容失实。

“避免在媒体报道中出现图片差错，关键还是编辑要把好审稿关。”鲍效农说，“首先编辑要掌握所报道领域的国家法律法规和行业政策，具有较高的政治素养和行业政策水平。除了掌握新闻图片拍摄和编辑知识外，还要熟悉行业活动的基本规律，这样选择图片时，才能做到用内行的眼光来全方位分析把握。”

精选留言

A□JAY-C□：

其实这些知识对于专业学传播传媒行业的人来说都是常识，包括哪些是禁区、哪些是可商榷的都有明确的说明，只是现在是新媒体自媒体全民媒体人的时代，很多人不知道，所以才会出现这类事件。建议国家有关部门增强舆论监测监管，将头部媒体、喉舌媒体作为主要发声和监管单位，加大自媒体单位和个人的监管力度，从严从重治理。

100例差错，《疫情报道编校实务手册》来了！

本文首发于2020年2月11日

作者：方寸无忧 张凤强

查阅文字稿，记者、编辑怎么把“嵩县”写成“蒿线”了？要是源头没有差错，播音员误读的情况可能会少很多。

文字差错，什么时候都不能忽视！

为此，传媒茶话会编成《疫情报道编校实务手册》，挑选出常见的100例差错，与媒体人、机关文字工作者分享。

为保证权威性，我们还特别邀请了人民日报社总编室校检室原主任卢玉华同志进行了全面审定。

错例1

“九省通渠”的湖北，正全力投入疫情防控阻击战。

■“九省通渠”应为“九省通衢”。“九省通衢”指武汉，而不是指湖北。

错例2

自新型冠状病毒感染的肺炎爆发以来，口罩的需求爆涨。

▪ “爆发”应为“暴发”，“爆涨”应为“暴涨”，“肺炎”后应加“疫情”二字。

错例3

××市新型冠状病毒感染肺炎防控指挥部

××市应对新型冠状病毒感染肺炎指挥部

▪ 表述中丢掉“疫情”二字，不规范。先看一个规范的表述：中央应对新型冠状病毒感染肺炎疫情工作领导小组（简称中央应对疫情工作领导小组）。

地方的相关表述一般有两种：一种是带“应对”二字，如黑龙江省应对新型冠状病毒感染肺炎疫情指挥部；一种是带“防控”二字，如湖北省新型冠状病毒感染肺炎疫情防控指挥部（最初的叫法是湖北省新型冠状病毒感染的肺炎疫情防控指挥部）。

提醒：指挥部中同时出现“应对”和“防控”的表述是不妥的，比如“湖北省应对新型冠状病毒感染肺炎疫情防控指挥部社会捐赠组”，就是一个错误的表述。

错例4

不少播音员、主持人将“新型冠状病毒感染的肺炎”中的“冠”读作guàn。

▪ “冠”（guàn）应读作guān。

错例5

新型冠状病毒感染的肺炎疫情突如袭来……

■“突如袭来”可改为“突如其来”或“突然袭来”。

错例6

武汉中心医院李文亮医生，因感染新型肺炎，经全力抢救无效不幸去世。

■“武汉中心医院”应为“武汉市中心医院”。“新型肺炎”表述不妥。按照国家卫生健康委员会《关于新型冠状病毒肺炎暂命名事宜的通知》精神，自2月8日起，相关新闻报道中可将“新型冠状病毒感染的肺炎”表述为“新型冠状病毒肺炎”或“新冠肺炎”。

错例7

在多个场合，李兰娟院士都提到了“四抗”：早期抗病毒治疗、进行危重病人的抗休克治疗、抗低压血症以及多器官功能衰竭、抗继发感染。

■“低压血症”应为“低氧血症”。

错例8

湖北黄冈问责党员干部337人，对防控工作不利的6名干部予以免职……

■“不利”应为“不力”。

错例9

查查还有没有对防疫物资“截胡”的情况。

■“截胡”应为“截和”。

错例10

全国31个省、市、自治区已启动重大突发公共卫生事件Ⅰ级响应……

■“省、市、自治区”可改为以下五种形式：1.省、自治区、直辖市；2.省区市；3.省（区、市）；4.省（自治区、直辖市）；5.省、区、市。

错例 11

很多店铺都没有开门，街上冷冷清清，万人空巷。

■“万人空巷”用法不妥。“万人空巷”是指家家户户的人都从巷子里出来（观看或参加某些大的活动等），多用来形容庆祝、欢迎等盛况。

错例 12

一男子刻意隐瞒行程，在公共场所未采取任何防护措施，拒绝隔离治疗，致使多人被感染、多人被隔离观察。昨日，该男子涉嫌以危险方法危害公共安全被公安机关立案侦察。

■“涉嫌以危险方法危害公共安全”应为“涉嫌以危险方法危害公共安全罪”，“立案侦察”应为“立案侦查”。

错例 13

多举并措，坚决遏制疫情蔓廷势头。

■“多举并措”应为“多措并举”，“蔓廷”应为“蔓延”。

错例 14

江苏省省委书记娄勤俭到南京市江宁区汤山街道葛巷村检查疫情，被几位戴着口罩、套着红袖标的老同志拦住，“外村的人不让进”。

■“江苏省省委书记”应为“江苏省委书记”。

错例 15

武汉市长周先旺介绍，火神山医院建筑面积34000平方米……

■“武汉市长”应为“武汉市市长”。

错例 16

区宣传部向市民宣传防控知识……

■“区宣传部”应为“区委宣传部”。

错例 17

为防止谣言传播，市网信办向全市网民发出如下倡议……

■“市网信办”应为“市委网信办”。

错例 18

面对突如其来的疫情，全国上下众志成城，攻艰克难……

■“攻艰克难”应为“攻坚克难”。

错例 19

众志成城，共克时坚。

■“共克时坚”应为“共克时艰”。文章中也常见“共赴时艰”“共度时艰”的表述。

错例 20

这种哄抬物价、发“疫情财”的行为令人不耻。

■“令人不耻”应为“令人不齿”。

错例 21

记者走访了几个小区，发现仍有个别市民出行不戴口罩，其防护状况令人堪忧。

■“令人堪忧”应为“令人担忧”。

错例 22

我来缴纳特殊党费，为疫情防控贡献一点力量。

■“缴纳”应为“交纳”。

错例23

这段时间，年轻人的自律令人印象深刻，从劝阻长辈戴口罩到宅在家中云聚会，年轻人解锁过年新姿势。

■“劝阻”应改为“劝说”或“规劝”。

错例24

为避免药店哄抬物价的现象不再发生，我区市场监管局加大了对药店的监管力度……

■去掉“不再”，或将“不再”改为“再次”。

错例25

华中农业大学教授陈焕春介绍，截至目前已经启动两批应急科研公关项目。

■“科研公关”应为“科研攻关”。

错例26

公司为开发区公安民警、消防官兵、环卫工人等坚守在岗位一线的执勤人员捐赠了消毒用品。

■“消防官兵”的表述不妥。就本错例而言，“消防官兵”可改为“消防救援人员”。在不同的场合，还可以表述为“消防救援队伍指战员”或“消防救援指战员”。

错例27

不到3天，社区的消毒水几乎消耗殆尽。

■去掉“几乎”。

错例28

一驾载满援助物资的货机降落在武汉天河国际机场。

■ “一驾”应为“一架”。

错例 29

24日晚22时20分，空军一架飞机从西安咸阳国际机场紧急起飞……

■ “晚22时20分”应为“22时20分”或“晚10时20分”。

错例 30

面对疫情，他想得更多地是责任和担当。

■ “更多地是”应为“更多的是”。

错例 31

患者的临床症状主要有发热、咳嗽、肺部有湿罗音……

■ “湿罗音”应为“湿啰音”。

错例 32

受疫情影响，“网上看病”用户量徒增。

■ “徒增”应为“陡增”。

错例 33

《中华人民共和国传染病防治法》第42条规定……

■ “42”应为“四十二”。

错例 34

……不耐酸不耐碱，病毒复制的最适宜PH值为7.2。

■ “PH值”应为“pH值”。

错例 35

逢车必査、每人必测、出发地必问的兜底式排查，确保力量配备到位、技术设备到位、人车查验到位……

■ “逢车必査”应为“逢车必查”。“査”（木且）是“查”

（木旦）的异体字。

错例36

冠状病毒传染快，待在家中别出来；串门等于把人害，聚众聚餐不应该……

■“别出（两个山）来”应为“别出（竖是连在一起的）来”。“出”是“出”的异体字。

错例37

已有30只医疗队共4130人抵达湖北。

■“只”应为“支”。

错例38

……好不容易买到100支口罩。

■疫情报道中，关于口罩的量词使用很杂乱，有的用“只”，有的用“支”，有的用“个”，有的用“副”，但写作“支”是不对的。

错例39

洗手和出门带口罩是被频繁提到的两种预防措施。

■“口罩”要“戴”，“带”在身上不管用。下面这个“带口罩”的表述是对的：每天有七八十人咨询我能不能帮忙带口罩回国，他们的爸妈是医生、护士、警察等，急需口罩。

错例40

临床上不乏有CT检查情况很重，但核酸检测呈阴性的患者。

■“不乏有”应为“不乏”。

错例41

疫情防控阻击战，他们始终奋战在一线。群众们看在眼里，记在心里。

■ “群众们”应为“群众”。

错例42

疫情面前，我们严正以待……

■ “严正以待”应为“严阵以待”。

错例43

防疫人员义正言辞：“没戴口罩不能出门！”

■ “义正言辞”应为“义正词严”。

错例44

药店门口人头涌动，都是来买双黄连口服液的。

■ “人头涌动”应为“人头攒动”。

错例45

关于新冠病毒疫情的新闻持续刷屏，其中也有一些令人匪夷所思的消息。

■ “令人匪夷所思”应为“匪夷所思”。

错例46

危难时刻，更能考验初心和使命，更能凸显誓言的份量。

■ “份量”应为“分量”。

错例47

医用酒精的主要成份是乙醇，浓度在70%–80%就有消毒杀菌功能。

■ “成份”应为“成分”，“–”应改为“—”。

错例48

抗病毒药物瑞德西韦已正式开始临床实验。

■“临床实验”应为“临床试验”。

错例49

全民戮力同心，决胜疫情防控总体战。

■“戮力”应为“勠力”。

错例50

辟瘟良方显仁爱，辩证论治抗病毒。

■“辩证论治”应为“辨证论治”。“辨证论治”也作“辨证施治”，同样也不要写成“辩证施治”。

错例51

接触传播，指病源体通过媒介物直接或间接传播。

■“病源体”应为“病原体”。

错例52

……肺部CT呈双肺斑片影，双侧少量胸腔积液，胸膜黏连。

■“黏连”应为“粘连”。

错例53

熏醋对新型冠状病毒的预防作用微乎其微，醋酸挥发到房间后，可能对人体的呼吸道粘膜产生刺激作用。

■“粘膜”应为“黏膜”。

错例54

社区工作人员在业主的外出“通行证”上打了个勾。

■“打了个勾”应为“打了个钩”。

错例55

冠状病毒是一个大型病毒家族，严重程度从感冒到重症疾病不等，如中东呼吸综合症（mers）和严重急性呼吸综合症

（sars）。

■ 错例中的两处"综合症"应为"综合征"。

错例 56

诺大的广场，偶尔有一两个戴口罩的行人匆匆走过。

■ "诺大"应为"偌大"。

错例 57

当晚，双黄连口服液价格飚升。

■ "飚升"应为"飙升"。

错例 58

防控疫情，坚决不容许谣言作崇。

■ "作崇"应为"作祟"。

错例 59

疫情的变化牵动人心，眼下部分地区即将复工，疫情防控的大背景下，出门上班的民众更加关心个人防护如何凑效。

■ "凑效"应为"奏效"。

错例 60

双黄莲口服液，一夜之间成了香饽饽。

■ "双黄莲"应为"双黄连"。

错例 61

某权威媒体第一时间发布了这则消息，接着其他媒体竟相转发，一夜之间双黄连被抢购一空。

■ "竟相"应为"竞相"。

错例 62

严厉打击屯积居奇、哄抬物价等违法行为。

■“屯积居奇”应为“囤积居奇”。

错例63

疫情防控中若出现“昏慵懒散拖”现象，应当严肃处理。

■“慵”应为“庸”。

错例64

村委会每日对常驻人口、返乡人员的健康状况进行拉网式排查。

■“常驻人口”应为“常住人口”。

错例65

前些天，大多数药店的口罩都已经售馨。

■“售馨”应为“售罄”。

错例66

醒目的红色标语，村里的“小喇叭”，无时无刻都在宣传防疫知识和政策。

■“无时无刻都在”应为“无时无刻不在”。

错例67

……全力为疫情防控提供物资和通讯保障。

■“通讯”应为“通信”。

错例68

他拿出一个月的退休工资，说是为疫情防控尽一份绵薄之力。

■“退休工资”应为“退休金”。

错例69

某超市菜品价格暴涨，一颗白菜竟然卖出63元高价。

■“暴胀”应为“暴涨”，“一颗白菜”应为“一棵白菜”。

错例70

我们已经卯足了劲来调度疫情期间的供应……

■“卯足”应为“铆足”。

错例71

疫情期间，你除了磕瓜子还能干什么？

■“磕瓜子”应为“嗑瓜子”。70、71例中“疫情期间”的表述不规范，可改为“疫情防控期间”。

错例72

以“4—2—1—1”阵型做好居家隔离生活垃圾和废弃口罩的收运和消杀工作。

■“阵型”应为“阵形”。

错例73

……通过财政专用帐户划转500万元用于防控疫情预拨款。

■“帐户”应为“账户”。

错例74

心里危机干预应根据疫情防控需要，采取线上线下相结合的方式。

■“心里危机干预”应为“心理危机干预”。

错例75

有人枉顾法律规定，不配合防疫工作。

■“枉顾”应为“罔顾”。

错例76

居家隔离的日子，对喜欢热闹的人而言，必定是越往后越难捱。

■“难捱”应为“难挨”。

错例77

两位爱心企业家为武汉雪中送碳……

■“雪中送碳”应为“雪中送炭”。

错例78

受新型冠状病毒感染的肺炎疫情影响，5趟途径我市的火车停运。

■“途径”应为“途经”。

错例79

停课不停学，“线上学习”受亲睐。

■“亲睐”应为“青睐”。

错例80

我市多家发热门诊全天侯接诊。

■“全天侯”应为“全天候”。

错例81

截至目前，该局共查处传播谣言事件4起4人（教育训戒）。

■“训戒”应为“训诫”。

错例82

黄冈市卫建委主任回答督查组提问时的“一问三不知”，让我们找到了瞒报病情的症结所在……

■“卫建委”应为“卫健委”。“卫生健康委员会”的简称不宜写作“卫健委”，最好写作“卫生健康委”。

错例83

尽快落实交通部、公安部相关精神，撤掉违规设立的路障。

■“交通部”应为“交通运输部”。中华人民共和国交通运输部的简称不是“交通部”，也不是“运输部”，而是“交通运输部”。

错例 84

以官方信息为准，切忌不要造谣传谣。

■ “切忌不要”可改作“切忌”或“切记不要”。

错例 85

近期，疫情防控形式严峻，请不要外出。

■ “形式严峻”应为“形势严峻”。

错例 86

要把人民群众生命安全和身体健康放在第一位，充分认识疫情防控形势的严竣性……

■ “严竣性”应为“严峻性”。

错例 87

截至到 1 月 30 日中午 12 时，由武汉地产集团组织实施建设的武汉雷神山医院项目总体建设进度完成 40%。

■ “截至到”应为“截至”。

错例 88

截止 1 月 26 日 21 时，共筹集 1150 万元善款。

■ “截止”应为“截至”或“截止到”。

错例 89

举全市之力，防范于未然，坚决打赢疫情防控战。

■ “防范于未然”应为“防患于未然”。

错例 90

全面做好疫情防控物质供应保障。

■“物质供应”应为“物资供应”。

错例 91

保障生活必须品不断档、不涨价。

■“必须品”应为“必需品”。

错例 92

无论生死，不记报酬。

■“不记报酬”应为“不计报酬”。

错例 93

坚定信心，打赢疫情防控狙击战。

■“狙击战”应为“阻击战”。

错例 94

他义无返顾奔赴疫区。

■“义无返顾”应为“义无反顾”。

错例 95

那些“逆行者”，早已将个人的安危置身度外。

■“置身度外”应为“置之度外”。“置身度外”是“置之度外”与“置身事外”的杂糅。

错例 96

坚定信心，同衷共济，众志成城，坚决打赢疫情防控阻击战。

■“同衷共济”应为“同舟共济”。“同衷共济”是“同舟共济”与“和衷共济”的杂糅。

错例 97

爱心团体募集万只口罩弛援一线。

■ “弛援”应为“驰援”。

错例98

坚决遏制疫情漫延势头……

■ “漫延”应为“蔓延”。

错例99

为保障群众的健康和安全，减少交叉感染的几率……

■ “几率”应为“概率”。

错例100

为响应国家教育部“停课不停学”的要求……

■ “国家教育部”应为“教育部”。

党和政府机构、群团组织等全称、简称准确用法汇总

本文首发于2021年3月19日，出版时已更新

作者：叶莉

是党中央军事委员会还是中共中央军事委员会？是国家纪律检查委员会还是中央纪律检查委员会？

传媒茶话会发现，媒体的一些报道中关于中央和国家机构以及一些群团组织等的名称使用上存在不准确的问题。

传媒茶话会梳理了一份党和政府机构、群团组织等全称、简称名单供大家参考。

涉及党中央，以下机构简称前可只加“中央”

（一）中国共产党全国代表大会

中央委员会：

1.中央委员会总书记，全称中国共产党中央委员会总书记，简称“中共中央总书记”。

2.中央政治局常务委员会，全称中国共产党中央政治局常务委员会，简称“中共中央政治局常委会”，其委员简称“中共中央政治局常委”。

3.中央政治局，全称中国共产党中央政治局，简称中共中央政治局或中央政治局。

4.中央书记处，全称中国共产党中央书记处。

中央军事委员会：全称中国共产党中央军事委员会，简称（中共）中央军委。

中央纪律检查委员会：全称中国共产党中央纪律检查委员会，简称中共中央纪委、中央纪委或中纪委。

注意：2018年3月31日，中共中央印发《深化党和国家机构改革方案》，将监察部、国家预防腐败局的职责，最高人民检察院查处贪污贿赂、失职渎职以及预防职务犯罪等反腐败相关职责整合，组建国家监察委员会，同中央纪律检查委员会合署办公，履行纪检、监察两项职责，实行一套工作机构、两个机关名称。

（二）党中央机构、职能部门、派出机构

1.党中央各部门：

（1）中共中央纪律检查委员会、中华人民共和国国家监察委员会机关，简称中央纪委国家监委（中间没有顿号）。

（2）中共中央办公厅，简称中央办公厅。

（3）中共中央组织部（对外加挂国家公务员局牌子），全

称中国共产党中央委员会组织部，简称中央组织部。

（4）中共中央宣传部（对外加挂国务院新闻办公室、国家新闻出版署、国家版权局、国家电影局牌子），简称中央宣传部。

（5）中共中央统一战线工作部（对外加挂国家宗教事务局、国务院侨务办公室牌子），简称中央统战部。

（6）中共中央对外联络部，简称中央对外联络部。

（7）中共中央政法委员会，简称中央政法委。

（8）中共中央政策研究室，简称中央政研室。

（9）中央国家安全委员会办公室，简称中央国安办。

（10）中央网络安全和信息化委员会办公室（国家互联网信息办公室），可称为中央网信办（国家网信办）。

（11）中央军民融合发展委员会办公室，亦称作中央军民融合发展委员会。

（12）中共中央台湾工作办公室（国务院台湾事务办公室），简称中共中央台办、中央台办（国务院台办、国台办）。

（13）中央财经委员会办公室，简称中央财办。

（14）中央外事工作委员会办公室，简称中央外办。

（15）中央机构编制委员会办公室，简称中央编办。

（16）中国共产党中央委员会中央和国家机关工作委员会，简称中央和国家机关工委。

（17）中央金融委员会办公室，2023年新组建，将国务院金融稳定发展委员会办公室职责划入中央金融委员会办公室。

（18）中央金融工作委员会，2023年新组建，同中央金融委员会办公室合署办公。

（19）中央社会工作部，2023年新组建。

（20）中央港澳工作办公室，2023年新组建。

2.党中央直属事业单位：

（1）中央党校（国家行政学院）。

（2）中央党史和文献研究院。

（3）人民日报社。

（4）求是杂志社。

（5）光明日报社。

（6）经济日报社。

（7）中国浦东干部学院，简称浦东干部学院。

（8）中国井冈山干部学院，简称井冈山干部学院。

（9）中国延安干部学院，简称延安干部学院。

（10）中央社会主义学院，简称中央社院。

全国人大、全国政协的专门委员会和相关机构，不可漏掉“全国人大”“全国政协”

（一）全国人大

1.专门委员会要加上全国人大：

如全国人大民族委员会、全国人大宪法和法律委员会、全国人大监察和司法委员会、全国人大财政经济委员会、全国人大教育科学文化卫生委员会、全国人大外事委员会、全国人大华侨委员会、全国人大环境与资源保护委员会、全国人大农业与农村委员会、全国人大社会建设委员会。

2.工作机构和办事机构要加上全国人大常委会：

如全国人大常委会办公厅、全国人大常委会法制工作委员会、全国人大常委会预算工作委员会。

（二）全国政协

1.不能单独称××界，需加上全国政协、省政协等，如全国政协文化艺术界在京委员、省政协文化艺术界委员。

2.政协全国委员会不是全国政协委员会。

3.政协全国委员会下面的办公厅要加上“政协全国委员会”，如政协全国委员会办公厅。

4.专门委员会要加上“全国政协”，如全国政协提案委员会、全国政协经济委员会、全国政协文化文史和学习委员会。

注意：根据2023年3月发布的中共中央、国务院印发的《党和国家机构改革方案》，全国政协界别增设“环境资源界”。将“中国共产主义青年团”和“中华全国青年联合会”界别整合，设立“中国共产主义青年团和中华全国青年联合会”界别。优化“特别邀请人士”界别委员构成。

国务院机构对外使用可表述为“中国＋机构简称”

1.中华人民共和国国务院办公厅，简称国务院办公厅。

2.中华人民共和国外交部，简称外交部。驻港、澳公署全称为：中华人民共和国外交部驻香港特别行政区特派员公署、中华人民共和国外交部驻澳门特别行政区特派员公署。

3. 中华人民共和国国防部，简称国防部。

4. 中华人民共和国国家发展和改革委员会，简称国家发展改革委。

5. 中华人民共和国教育部，简称教育部。教育部对外保留国家语言文字工作委员会牌子。

6. 中华人民共和国科学技术部，简称科技部。

7. 中华人民共和国工业和信息化部，简称工业和信息化部。工业和信息化部对外保留国家航天局、国家原子能机构牌子。

8. 中华人民共和国国家民族事务委员会，简称国家民委。

9. 中华人民共和国公安部，简称公安部。

10. 中华人民共和国国家安全部，简称国家安全部。

11. 中华人民共和国民政部，简称民政部。

12. 中华人民共和国司法部，简称司法部。

13. 中华人民共和国财政部，简称财政部。

14. 中华人民共和国人力资源和社会保障部，简称人力资源社会保障部。人力资源和社会保障部加挂国家外国专家局牌子。

15. 中华人民共和国自然资源部，简称自然资源部。自然资源部对外保留国家海洋局牌子。

16. 中华人民共和国生态环境部，简称生态环境部。生态环境部对外保留国家核安全局牌子。

17. 中华人民共和国住房和城乡建设部，简称住房城乡建设部。

18. 中华人民共和国交通运输部，简称交通运输部。

19. 中华人民共和国水利部，简称水利部。

20. 中华人民共和国农业农村部，简称农业农村部。农业农村部加挂国家乡村振兴局牌子。

21. 中华人民共和国商务部，简称商务部。

22. 中华人民共和国文化和旅游部，简称文化和旅游部。

23. 中华人民共和国国家卫生健康委员会，简称国家卫生健康委。

24. 中华人民共和国退役军人事务部，简称退役军人事务部。

25. 中华人民共和国应急管理部，简称应急管理部。

26. 中国人民银行，简称人民银行。

27. 中华人民共和国审计署，简称审计署。其领导称为审计署审计长。

国务院直属机构及国务院部委管理的国家局名称中含有“中国”的，不能改为“国家”

（一）国务院直属机构

1. 中华人民共和国海关总署，简称海关总署。

2. 国家税务总局。

3. 国家市场监督管理总局。

4. 国家金融监督管理总局，简称金融监管总局。2023年，在中国银行保险监督管理委员会基础上组建，不再保留中国银行保险监督管理委员会。

5. 中国证券监督管理委员会，简称中国证监会，此前为国务院直属事业单位。

6. 国家广播电视总局，简称国家广电总局。

7. 国家体育总局。

8. 国家信访局。

9. 国家统计局。

10. 国家知识产权局。

11. 国家国际发展合作署。

12. 国家医疗保障局，简称国家医保局。

13. 国务院参事室。

14. 国家机关事务管理局，简称国管局。

注意：国家市场监督管理总局对外保留国家反垄断局、国家认证认可监督管理委员会、国家标准化管理委员会牌子。国家新闻出版署（国家版权局）在中央宣传部加挂牌子，由中央宣传部承担相关职责。国家宗教事务局在中央统战部加挂牌子，由中央统战部承担相关职责。

（二）国务院部委管理的国家局

1. 国家粮食和物资储备局，由国家发展和改革委员会管理。

2. 国家数据局，2023年新组建，由国家发展和改革委员会管理。

3. 国家烟草专卖局，简称国家烟草局，由工业和信息化部管理。

4. 国家林业和草原局，简称国家林草局，由自然资源部管理。

5. 中国民用航空局，简称中国民航局，由交通运输部管理。

6. 国家文物局，由文化和旅游部管理。

7. 国家疾病预防控制局，简称国家疾控局，由国家卫生健康委员会管理。

8. 国家消防救援局，由应急管理部管理。

9. 国家药品监督管理局，简称国家药监局，由国家市场监督管理总局管理。

10. 国家能源局，由国家发展和改革委员会管理。

11. 国家国防科技工业局，简称国家国防科工局，由工业和信息化部管理。

12. 国家移民管理局，简称国家移民局，由公安部管理。

13. 国家铁路局，由交通运输部管理。

14. 国家邮政局，由交通运输部管理。

15. 国家中医药管理局，简称国家中医药局，由国家卫生健康委员会管理。

16. 国家矿山安全监察局，简称国家矿山安监局，由应急管理部管理。

17. 国家外汇管理局，简称国家外汇局，由中国人民银行管理。

注意：国家移民管理局加挂中华人民共和国出入境管理局牌子。国家林业和草原局加挂国家公园管理局牌子。国家公务员局在中央组织部加挂牌子，由中央组织部承担相关职责。国家档案局与中央档案馆、国家保密局与中央保密委员会办公室、国家密码管理局与中央密码工作领导小组办公室，一个机构两块牌子，列入中共中央直属机关的下属机构序列。

国务院这些机构用固定称呼

（一）国务院直属特设机构：国务院国有资产监督管理委员会，简称国务院国资委。

（二）国务院办事机构：

国务院研究室

国务院侨务办公室在中央统战部加挂牌子，由中央统战部承担相关职责。国务院港澳事务办公室（原为国务院办事机构）在中共中央港澳工作办公室加挂牌子，由中共中央港澳工作办公室承担相关职责。国务院台湾事务办公室与中共中央台湾工作办公室、国家互联网信息办公室与中央网络安全和信息化委员会办公室，一个机构两块牌子，列入中共中央直属机构序列。

国务院新闻办公室在中央宣传部加挂牌子，由中央宣传部承担相关职责。

（三）国务院直属事业单位：

1.新华通讯社，简称新华社。

2.中国科学院，简称中国科学院。

3.中国社会科学院。

4.中国工程院。

5.国务院发展研究中心。

6.中央广播电视总台。

7.中国气象局。

注意：国家行政学院与中央党校，一个机构两块牌子，作为党中央直属事业单位。

其他机构固定简称

（一）最高人民法院，全称中华人民共和国最高人民法院，简称最高法，其领导称为最高人民法院院长。

（二）最高人民检察院，全称中华人民共和国最高人民检察院，简称最高检，其领导称为最高人民检察院检察长。

（三）群众团体：

1. 中华全国总工会，简称全国总工会。

2. 中国共产主义青年团中央委员会，简称共青团中央。

3. 中华全国妇女联合会，简称全国妇联。

4. 中国文学艺术界联合会，简称中国文联。

5. 中国作家协会，简称中国作协。

6. 中国科学技术协会，简称中国科协。

7. 中华全国归国华侨联合会，简称中国侨联。

8. 中国法学会，无简称。

9. 中国人民对外友好协会，简称全国对外友协。

10. 中华全国新闻工作者协会，简称中国记协。

11. 中华全国台湾同胞联谊会，简称全国台联。

12. 中国国际贸易促进委员会（中国国际商会），简称中国贸促会。

13. 中国残疾人联合会，简称中国残联。

14. 中国红十字会总会，简称中国红十字会。

15. 中国人民外交学会，可称外交学会。

16. 中国宋庆龄基金会，无简称。

17. 黄埔军校同学会，无简称。

18. 欧美同学会（中国留学人员联谊会）。

19. 中国思想政治工作研究会，简称中国政研会。

20. 中华职业教育社。

21. 中华全国工商业联合会，简称全国工商联，又称中国民间商会。

22. 中国计划生育协会，简称中国计生协。

（四）民主党派中央：

1. 中国国民党革命委员会中央委员会，简称民革中央。

2. 中国民主同盟中央委员会，简称民盟中央。

3. 中国民主建国会中央委员会，简称民建中央。

4. 中国民主促进会中央委员会，简称民进中央。

5. 中国农工民主党中央委员会，简称农工党中央。

6. 中国致公党中央委员会，简称致公党中央。

7. 九三学社中央委员会，简称九三学社中央。

8. 台湾民主自治同盟中央委员会，简称台盟中央。

精选留言

安迪：

干货，很干，很硬，收藏了。

后记　价值观指引我们坚实前行

刘灿国
中国经济传媒协会副会长、传媒茶话会创始人

2022年2月初，传媒茶话会刚过完五周岁生日不久，人民日报出版社第二编辑中心林薇主任和梁雪云编辑找到我，问我是否有意向将传媒茶话会创办至今的原创文章结集出版。我思考了几天，欣然答应了她们的提议，我认为是时候让传媒茶话会的内容走向更广阔的市场，服务更多的新闻宣传工作者了，于是便有了这三册书。

从2017年1月17日创办至今，传媒茶话会的粉丝数和影响力一直稳步增长，成长为目前在新闻业界和学界都有一定影响力的传媒研究公众号，这背后支撑我们的并不是雄厚的资金，或者神通广大的人脉，而是从创立之初一直坚守至今的价值观。

在这里，我也想和大家分享一下传媒茶话会创办至今一直坚守的价值观——让媒体人更有尊严、与媒体共同向善、坚持改革开放。是它，鼓舞我们坚实前行。

让媒体人更有尊严，是传媒茶话会价值观的第一组成部

分，也是我们的立身之本。

用内容引领做法是让媒体人更有尊严的有效办法之一。

预见、权威、影响是我们的slogan（口号），也是我们以内容引领媒体的三个衡量指标。

预见，就是预先看见趋势和风险。

如果媒体是一艘航行在大海上的船，那么传媒茶话会就在努力成为船头的眺望者，期望通过我们的文章帮大家避开报道中的险滩暗礁。

《“新中国成立70周年”，这18种不规范表述请注意》《媒体人必读：“一带一路”报道中这些雷区千万不要碰》《庆祝建党100周年！新闻报道这8大事项一定注意》《独家|二十大报告中这些规范表述，媒体人千万别用错》，这些耳熟能详的文章总在重要节点前为媒体厘清概念，为其报道专业化提供参考。

权威，就是不追流量，只求专业。

《唐山打人事件是女性的噩梦，报道缺乏正确价值观是公众的噩梦》《地摊经济大火，新闻报道别跑偏》《红黄蓝幼儿园“虐童”报道，这些事，媒体人必须注意！》……这些报道的特点在于：一是触及主流媒体所关注的难点和痛点；二是对话的对象要么是业内大咖，要么是学界专家；三是呈现的观点尽可能有现实针对性和指导性。

影响，就是影响有影响力的人。

传媒茶话会微信公众号本身就是建立在社群的基础之上的。目前，我们拥有3个媒体高层交流群、1个退休媒体高层交流群、3个媒体中层交流群、61个粉丝交流群。由于我们的社群纯度很高，且有很多媒体和学界中高层粉丝，也都比较活跃，业界公认我们为“金粉公号”和“头部大号”。

与媒体共同向善是传媒茶话会价值观的第二组成部分。

记者笔下有人命关天。新闻舆论工作是把双刃剑，用得好可为生民立命，用不好则可能造成二次伤害。

因此，作为新闻业务研究公众号，我们主张媒体报道向善，要流量更要正能量。2022年3月21日下午，东航一架载有132人的飞机在广西藤县坠毁，伤亡不明。当中国民航局正派出工作组赶赴现场，具体伤亡情况和事故原因都还有待调查的时候，有个别商业媒体情绪化地带节奏，错误引导舆论。

我们发现这种不良苗头后，当即发布评论《东航空难！伤亡和原因不明！警惕部分自媒体误导舆论》，指出媒体在报道时，要客观理性分析，警惕无缘由地发布臆测和误导公众的内容，及时辟谣，同时尽量做到快报事实，在事实的基础上，循序渐进推动报道节奏。

2022年5月3日，很多媒体都在客户端推送了《杭州市国安局对马某依法采取刑事强制措施》。杭州、马某，这些关键词让人联想到了某马姓知名人士，舆情和各种猜测瞬间发酵。

我们敏感意识到媒体这种化名方式不妥，当即发出《杭州马某被抓？使用化名要避免误解、猜测》一文，指出：新闻报道使用化名应遵守避免造成误解、猜测的重要原则。

坚持改革开放是我国的基本国策，也是传媒茶话会价值观的第三组成部分。

我们一直提倡并呼吁媒体，在报道中坚持改革开放，为我国的经济发展助力；坚持以客观、公正、中立态度报道民营企业和外企，不要为了迎合部分公众需求而发布偏颇的信息。

2022年2月中旬，“星巴克驱赶门口吃盒饭民警”持续引发公众热议，一些媒体尤其自媒体的报道已经偏离了新闻客观、公正的原则。

在星巴克道歉后，公众的情绪仍旧没有得到安抚，2月16日，涉事星巴克门口，被摆上白花，还被扔了一地鸡蛋，甚至有网友在网上发起抵制星巴克的行动。

我们发布《星巴克被送冥币、扔鸡蛋！媒体应正确引导网民情绪》，文章建议媒体在面对类似星巴克的事件时，要警惕非理性的网民情绪，避免被其裹挟，同时，还应积极主动疏导。另外，我们还提出，一些外企对华态度相对友善，在协调中国国际关系层面或将起到重要的润滑剂作用，这正是坚定不移扩大对外开放的题中应有之义。

此外，我们一直呼吁媒体对企业要带着善意，准确监督、科学监督、依法监督、建设性监督。

早在2018年，我们就发布了《“啄木鸟”式舆论监督是新闻业界良心》。文章指出，舆论监督要以客观事实和真实数据作为报道基础，舆论监督是疏导不是添堵。尤其是，它要像啄木鸟一样，啄一棵树里的害虫，不是为了把树击倒，而是让其健康生长，这才是我们新闻业界的良心。

大鹏之动，非一羽之轻也；骐骥之速，非一足之力也。传媒茶话会发展至今离不开一直给予我们支持、指导和关爱的主管部门和相关领导，离不开和我们分享观点、给我们建议的诸位媒体大咖和学界专家，离不开一路相随的35万多粉丝，离不开曾经为传媒茶话会付出过心血的小伙伴们，当然更离不开一直坚守在传媒茶话会的同事们，是我们共同的努力成就了传媒茶话会的品牌。

行笔至此，仿佛一位老父亲在向亲友介绍夸奖自己的孩子，难免给人一种自卖自夸之感，但确实是肺腑之言。文章中，有些观点如有偏颇，还望大家海涵。

牛顿说，“如果说我看得比别人更远些，那是因为我站在巨人的肩膀上”，我们不敢奢望书中的案例能有巨人肩膀般的高度，令读者的视野豁然开朗，但我们努力让每一个案例成为读者探索新领域的垫脚石，哪怕增加一寸的高度，那便是我们文章的意义所在。

未来，传媒茶话会将继续致力于做行业的朋友，坚守我们的价值观，做长期主义者，等待时光的馈赠。

大咖推介

1. 第二届范长江新闻奖获得者、人民日报海外版原总编辑　詹国枢

《采编小技巧》《避雷小建议》《爆款小经验》——传媒茶话会编写的“传媒实操小红书”系列图书（三册），只看这书名，就相当吸引人！这样的书，对于媒体工作者，实用性极强，价值不会小。什么叫价值？满足需求，就是价值。能够如此有针对性地满足媒体记者需求，可见策划者是用心了。这三册小书，依老詹之见，大卖是必然的。

2. 第九届长江韬奋新闻奖（长江系列）获得者，南开大学新闻与传播学院院长、教授　刘亚东

这套“传媒实操小红书”系列图书（三册）汇集了传媒茶话会创办6年来的精品文章。常常翻阅这套书，对媒体人大有裨益。

3. 第十一届长江韬奋奖（韬奋系列）获得者、爱奇艺首席内容官　王晓晖

以往的传媒图书大多聚焦新闻采写、深度报道等某一个方面，而传媒茶话会出版的三册“小红书”将采编技巧、爆款经

验、重大报道注意事项都纳入进来，拓宽了选题的维度，也拓宽了图书的读者群体。将抽象的知识和经验转化成书并不是易事，传媒茶话会交出了一张高于行业预期的答卷。

4.第十二届长江韬奋奖（韬奋系列）获得者、中央广播电视总台创新发展研究中心召集人　杨华

作为新闻行业领域的观察者，传媒茶话会一直关注媒体、媒介乃至传媒环境的变革与发展，创号6年之际推出这套精品力作，忠实记录下了一段行业发展历程，可以作为记者、编辑的案头书。

5.第十六届长江韬奋奖（长江系列）获得者，新民晚报社原党委书记、社长、总编辑　朱国顺

深入观察、专业权威，传媒茶话会从行业研究新媒体平台的定位出发，给传媒人奉上一套佳作。作品既保持了高度的新闻敏感，又体现出客观、审慎的态度，而这些正是新闻工作之要诀所在。

6.第十七届长江韬奋奖（长江系列）获得者，南方报业传媒集团党委书记、社长　黄常开

百篇文章、30余万字，全书总结了大量新闻工作者的实际需求，对重大报道、爆款秘诀等内容进行深入解读。书中的价值观和方法论非常严谨，对新闻工作中存在的共性问题给出了一定解决方案。

7. 中国经济传媒协会会长　赵健

传媒茶话会作为中国经济传媒协会主管的传媒研究公众号，创办6年，其命维新，始终以互联网思维紧盯媒体融合发展，围绕行业痛点、堵点、难点，研究采编、经营、融合新趋势，沉淀下一批有流量、有口碑的佳作。此次传媒茶话会将部分精品集结成书，既是对微信公众号新传播方式服务传媒研究的一次阶段性回顾，更是对媒体融合发展新经验、新探索的一次集中展示。凡是过往，皆为序章，祝愿传媒茶话会以终为始，开启下一个、再下一个6年。

8.《新华每日电讯》总编辑　方立新

"传媒实操小红书"聚焦媒体发展、新闻业务中的实际问题，具有很强的问题意识和指导性。值得收藏、细细品读。

9. 中国新闻出版传媒集团党委书记、董事长　马国仓

话题切合实际、内容全是干货、读后大有收获。由传媒茶话会主编、人民日报出版社出版的这套书，内容紧紧围绕采编、融合、经营等当下媒体实用议题，具有很强的业务指导性和工作针对性，是媒体工作者日常必备的案头书、业务学习的"加油站"。

10. 央广传媒集团有限公司党委书记、董事长、总经理　王跃进

这三册"小红书"是传媒茶话会过去6年精品力作的凝结

和转化，书中每一篇文章都是被验证可行的方法论，对新闻工作大有裨益，建议传媒从业者有时间读一读。

11. 陕西广电融媒体集团党委书记、董事长、台长　刘兵

为媒体采编业务排坑、避雷，分享打造爆款内容、产品的方法。“传媒实操小红书”切中融媒特点，兼具理论性与实用性，案例丰富、翔实，具有借鉴性。媒体人读之，必能有收获、有启发。

12. 四川日报报业集团党委副书记、总编辑　李鹏

“预见”“权威”“影响”是传媒茶话会的slogan，这六个字在三册“传媒小红书”的内容上得到了最生动的体现。长期关注行业才能够及时洞察行业需求，进而预见行业发展，权威和影响力也顺势而来。预祝传媒茶话会首套作品大卖！

13. 新京报社党委书记、社长　刘军胜

实用的采编技巧、宝贵的爆款经验、真诚的避雷建议，三本“小红书”在对标媒体工作实际需求的同时，紧跟新时代新闻宣传工作的具体要求，将理论与实践紧密联系，对优质作品不吝褒奖，对存在的问题直言不讳。真心推荐业内人士研读借鉴，值得收藏！

14. 深圳报业集团党组书记、社长　丁时照

“读天下书知天下事，读万卷书行万里路。”知晓、学习、

提高新闻业务那些事，深入调研、走基层，锻炼“四力”，不得不读传媒茶话会出版的这三本“小红书”，它们实用，有启发性，有实操性。

15. 中国社会科学院新闻与传播研究所所长、中国社会科学院大学新闻传播学院院长　胡正荣

在融合传播环境下，“酒香也怕巷子深”，主流媒体要实现精准传播、有效传播，打造出爆款产品，必须丰富产品的形态。《不容错过的爆款小经验》从主流媒体对新技术、新表达方式、新传播方式的探索和应用角度出发，拆解了众多爆款产品的成功之道，为主流媒体在融合传播格局下实现有效传播提供了重要的参考。

16. 复旦大学新闻学院院长、《新闻大学》主编　张涛甫

由于自媒体、新媒体的参与，舆论场愈显复杂。众声喧哗之中，需要主流媒体提升“四力”，及时做判断、定调子，发挥主动权，做社会的引领者。而如何把握其中的时、度、效，则是对主流媒体的专业性的检验。“传媒实操小红书”提供了丰富的媒体实践案例，既有总结，又有反思，可作为媒体人的案头书。

17. 清华大学新闻与传播学院院长、教授　周庆安

开卷有益，开好卷是获益的前提。传媒茶话会博采传媒业务研究文章之众长，密切关注传媒研究前沿热点，优选与传媒

业务相关的精品文章以飨读者，让书香四溢，打造媒体人的精神家园。

18.北京大学新闻与传播学院院长　陈刚

“腹有诗书气自华，胸藏文墨怀若谷。”传媒茶话会出版的这套书，为提高新闻采写能力提供了有效方法，为媒体推进融合提供了重要借鉴，读者读完必能有所收获。

19.广西大学特聘君武荣誉教授，中国人民大学新闻学院教授、博士生导师，教育部社会科学委员会委员兼新闻传播学科召集人　郑保卫

新闻是一个需要靠理想、激情和热血去为之奋斗的行业。唯有真心热爱，才能初心不改；唯有心存敬畏，才能甘愿奉献。传媒茶话会是全国媒体人看着成长起来的公众号。多年来，传媒茶话会同无数新闻人一样一直坚守着新闻理想与情怀，保持着对新闻的热爱和敬畏，坚持真诚为媒体人服务，提供及时工作建议与指导，成为大家离不开的业务交流与沟通平台。

如今，三本业务指导书的出版应该是茶话会成长过程中的一个里程碑，将会使更多媒体人受益。

20.清华大学新闻与传播学院教授、博士生导师，《全球传媒学刊》执行主编　陈昌凤

观察剖析业界动态，指导鼓励媒体前行。传媒茶话会开创

了一个宝贵的专业性平台，为很多媒体人指引领域方向，其中集萃的传媒大咖观点，凝练的媒体实操经验，裨益很多媒体人。这是一套入行必看的书，相信借助这套“传媒实操小红书”，年轻的记者编辑能快速成长起来、担当起来，成为符合时代需求的新闻工作者。

21. 中央民族大学新闻与传播学院特聘院长、教育部大数据与国家传播战略实验室主任　张昆

不虚言、唯实唯用是我对传媒茶话会的直观感受，也是“传媒实操小红书”的风格特色。这套实用的媒体工具书，针对不同问题，提出了很多短、平、快的实操方案，简单好理解，轻松易上手。

22. 兰州大学新闻与传播学院院长　冯诚

热度与深度兼容、幽默与严谨同在！作为“茶茶”的老朋友，很喜欢它的推文时效和行文风格。读这套书就好像和一位新闻界的老友聊天，对话中就能获取学界、业界关于热点事件的睿智观察和实操方法。

23. 重庆大学新闻学院院长、重庆大学数字媒体与传播研究院主任　董天策

观传媒热点，寻爆款之法。这套“新闻工具书”用丰富的传播案例和专家的深入分析，帮你答疑解惑，处理实际问题，提高新闻“功力”。

24. 中国人民大学教授、博士生导师　宋建武

这些作品生于实践，长于思考，由术及理，充分展现了新闻界所面临的热点、难点问题，并给出了专业性强、可操作的应对之法。

25. 中国社会科学院新媒体研究中心副主任　黄楚新

这套书涵盖避雷建议、爆款经验、采编技巧三方面，能实实在在帮助媒体人解决现实问题。“传媒实操小红书”不仅对传媒茶话会的文章进行了精心分类，还增加了读者的精彩点评与互动内容。不仅能让读者学到实操技能和实用方法，同时，由于其编排精细，看的过程也轻松、有趣。